张渭 著

JUE SE YI YI JIAN GOU SHI JIAO XIA BEI LUN SHI LING DAO
YU YUAN GONG JI XIAO GUAN XI YAN JIU

角色意义建构视角下悖论式领导与员工绩效关系研究

华中科技大学出版社
http://press.hust.edu.cn
中国·武汉

内容简介

本书基于意义建构理论,创新性地提出"环境扫描(领导风格)—解释信息(角色认知)—采取行动(反应)—行动结果(绩效)"的个体角色意义建构路径。该路径揭示了悖论式领导作为一种情境因素,通过影响员工的三种角色感知(创新角色认同、角色自主性和角色冲突),进而作用于其任务绩效和创新绩效,且这一过程受到个体特质和组织特征的影响。为了验证这一理论模型,本书实施了三项实证研究,采集了258名领导和1280名员工的两阶段配对数据。通过对悖论式领导的影响效应、内部机制以及边界条件的深入探讨,本书丰富了悖论式领导影响的研究成果,并为其内在作用机制提供了理论框架和实证支持。此外,本书还构建了个体特质和组织特征对于悖论式领导有效性影响的新框架,拓展了意义建构理论应用,将其引入领导力领域研究。最后,本书为提高悖论式领导的有效性提供了强有力的实践指导。

图书在版编目(CIP)数据

角色意义建构视角下悖论式领导与员工绩效关系研究 / 张渭著. -- 武汉 : 华中科技大学出版社, 2024. 10. -- ISBN 978-7-5772-1325-5

Ⅰ. F272.9

中国国家版本馆CIP数据核字第20242143MN号

角色意义建构视角下悖论式领导与员工绩效关系研究　　　　　张　渭　著

Juese Yiyi Jiangou Shijiao Xia Beilunshi Lingdao yu Yuangong Jixiao Guanxi Yanjiu

策划编辑:江　畅
责任编辑:易文凯
封面设计:王　琛
责任校对:程　慧
责任监印:朱　玢

出版发行:华中科技大学出版社(中国·武汉)　　电话:(027)81321913
　　　　　武汉市东湖新技术开发区华工科技园　　邮编:430223

录　　排:华中科技大学惠友文印中心
印　　刷:武汉市洪林印务有限公司
开　　本:710mm×1000mm　1/16
印　　张:10.25
字　　数:200千字
版　　次:2024年10月第1版第1次印刷
定　　价:59.00元

本书若有印装质量问题,请向出版社营销中心调换
全国免费服务热线:400-6679-118　竭诚为您服务
版权所有　侵权必究

前　言

　　悖论式领导是指表面上看起来相互矛盾实际上却相互联系的领导行为,这种行为是为了满足持续存在相互矛盾的工作场所的需要。随着组织环境的复杂化和动态化,员工被期望在完成工作任务的同时做出创造性的贡献。只有这样,组织才能在日益激烈的竞争中长期发展。在这样的大环境下,传统的以控制、命令等为主要方式的领导风格越来越难以适应外部激烈竞争环境的需求,而强调相互对立的要素和谐共存的领导方式日益受到组织的青睐。鉴于此,主张对立统一、亦此亦彼的悖论式领导受到组织实践者和研究者们的高度关注。任务绩效和创新绩效被看作是一对矛盾的绩效结果(Bledow et al., 2009)。对新想法和新方案的探索会给行动者提供改进工作的机会但不利于维持高的绩效,而专注于日常任务的完成又会阻碍创新,所以,本研究将聚焦于悖论式领导对员工绩效(任务绩效和创新绩效)的影响效应、内部机制以及边界条件。

　　具体来讲,基于意义建构理论,本研究将综合构建并检验悖论式领导对员工任务绩效和创新绩效的影响效应、内部机制以及边界条件。首先,本研究提出悖论式领导通过提升员工创新角色认同,增加员工工作投入,积极作用于任务绩效和创新绩效的内在机制,并检验了组织创新重视感对这一过程的强化作用;其次,本研究探讨悖论式领导通过增强角色自主性,提升员工风险承担意愿,积极作用于任务绩效和创新绩效的内在机制,并检验了风险承担氛围对这一过程的强化作用;最后,本研究探讨悖论式领导通过减少员工角色冲突,降低情绪耗竭,积极作用于任务绩效和创新绩效的内在机制,并检验了悖论思维对这一过程的抑制作用。

　　为了验证上述理论模型,本研究通过三个实证研究来验证所提出的假设。这三个研究的问卷调查分别来自不同的样本,总共有来自258名领导和1280名员工的两阶段配对数据。通过84份领导评价和419份员工评价的两阶段问卷调查的数据分析结果,子研究一发现悖论式领导能够通过提升员工的创新角色认同而提升员工的工作投入,并最终积极作用于员工的任务绩效和创新绩效。组织创新重视感作为一个重要的情境因素,能够增强这一间接效应。通过88份领导评价和432份员工评价的两阶段问卷调查的数据分析结果,子研究二发现悖论式领导能够通过增强员工的角色自主性，进而提高员工的风险承担意愿，并最终提高员工的任务绩效和创新绩效。风险承担氛围作为一个重要的情境因素，能够增强这一间接效应。通过 86 份领导评价和 429 份员工评价的两阶段问卷调查的数据分析结果，子研究三发现悖论式领导能够通过降低员工的角色冲突而降低员工的情绪耗竭，并最终积极作用于员工的任务绩效和创新绩效。悖论思维作为一个重要的个体因素，能够弱化这一间接效应。

通过对悖论式领导对员工任务绩效和创新绩效的影响效应、内部机制以及边界条件的探讨，本研究丰富了悖论式领导影响的研究成果，拓展和细化了悖论式领导的内在作用机制并为此提供了理论框架和实证支持，构建了个体特质和组织特征对于悖论式领导有效性的影响框架，拓展和丰富了意义建构理论应用，将该理论运用到了领导领域的研究。最后，本研究也为提高悖论式领导的有效性和提升员工任务绩效和创新绩效提供了强有力的实践指导与启示。

目 录

1 绪论 …………………………………………………………… (1)
　1.1 研究背景 ………………………………………………… (1)
　1.2 研究目的与研究意义 …………………………………… (4)
　1.3 基本概念界定 …………………………………………… (7)
　1.4 研究的基本结构、方法与技术路线 …………………… (12)
　1.5 主要创新点 ……………………………………………… (15)
2 文献综述 ……………………………………………………… (17)
　2.1 悖论式领导文献综述 …………………………………… (17)
　2.2 员工绩效文献综述 ……………………………………… (32)
3 理论基础及模型构建 ………………………………………… (36)
　3.1 理论基础 ………………………………………………… (36)
　3.2 整体研究模型 …………………………………………… (43)
　3.3 整体研究内容 …………………………………………… (45)
4 悖论式领导——员工绩效之创新角色认同路径研究 ……… (49)
　4.1 问题提出 ………………………………………………… (49)
　4.2 理论基础与研究假设 …………………………………… (51)
　4.3 研究方法 ………………………………………………… (57)
　4.4 研究结果 ………………………………………………… (60)
　4.5 结果讨论 ………………………………………………… (68)
　4.6 本章小结 ………………………………………………… (71)
5 悖论式领导——员工绩效之角色自主性路径研究 ………… (73)
　5.1 问题提出 ………………………………………………… (73)
　5.2 理论基础与研究假设 …………………………………… (75)
　5.3 研究方法 ………………………………………………… (80)
　5.4 研究结果 ………………………………………………… (83)
　5.5 结果讨论 ………………………………………………… (90)
　5.6 本章小结 ………………………………………………… (94)

6 悖论式领导——员工绩效之角色冲突路径研究 …………………… (95)
  6.1 问题提出 ………………………………………………… (95)
  6.2 理论基础与研究假设 …………………………………… (97)
  6.3 研究方法 ………………………………………………… (102)
  6.4 研究结果 ………………………………………………… (105)
  6.5 结果讨论 ………………………………………………… (112)
  6.6 本章小结 ………………………………………………… (116)
7 结论与展望 ………………………………………………………… (117)
  7.1 总体研究结论 …………………………………………… (117)
  7.2 理论贡献 ………………………………………………… (118)
  7.3 管理启示 ………………………………………………… (119)
  7.4 研究局限与未来展望 …………………………………… (121)

参考文献 ……………………………………………………………… (123)
附录 研究所用材料 ………………………………………………… (153)

1 绪 论

1.1 研究背景

1.1.1 理论背景

在经济全球化和科学技术日益进步的大背景下,市场环境及其权力结构发生了根本性变化,这对组织提出了新要求。动态多变的复杂环境,使传统组织自身的局限性越来越突出。为了适应新的时代条件,组织逐渐从单一、固定、竞争的样态朝向多层、动态、竞合的样态转变。组织在努力建立竞争优势的同时,对管理者的需求也发生了根本性的改变。Leinwand 等在 2021 年对全球 515 名商界人士进行的一项调查研究发现,受访者高度重视领导者平衡以下六种矛盾需求的能力,即领导者既要有雄心勃勃的想法,又要有实现愿景所需的实际能力;既能推动技术改进又重视人的价值;在保持高度原则的同时,能够有效应对组织的动态性;既有信心在不确定的环境中果断行动,又有谦卑的态度承认错误;在全球化和本土化相结合的背景下找到生存之道;在过去成功经验的基础之上,创造一个鼓励创新、失败、学习和成长的文化(Leinwand et al.,2022)。这意味着,传统的单一、固定的领导模式相对于简单和稳定的环境而言可能是有效的,然而在当今复杂且动态的环境中,领导者需要同时具备灵活应对这些相互冲突需求的能力。悖论式领导(paradoxical leadership)便是一种善于承认对立、容许冲突、利用张力的领导方式。本质上,悖论式领导是以"二者都"(both...and)而非"二选一"(either...or)为策略,接纳和利用悖论来解决组织的相关问题,以达到期许目标的方法。在此过程中,领导者依据时间推移和情境变化,对悖论作用力加以回应,动态地与环境复杂性相依共生(Zhang et al.,2015)。大量实证研究发现,悖论式领导对员工、团队和组织都有积极的影响。例如在个体层面,悖论式领导能够对员工的工作态度(Kan & Parry,2004;Garg,2016)、工作投入(Alfes & Langner,2017;Fürstenberg et al.,2021)、工作角色绩效(Zhang et al.,2015)、创造力(Yang et al.,2021;Shao et al.,2019)、创新行为(Milosevic et al.,2015;Ingram et al.,2016)等产生积极的影响。在团队层面,悖论式领导能够提高团队创新行为(Zhang et al.,2021;罗瑾琏等,2015,2017)和团队创造力(彭伟和马越,2018)。在组织层面,悖论式领导能够提高组织绩效(Smith & Lewis,2011;Amason,2017)、组织创造力(Knight & Harvey,2015)、组织承诺水平(Smith,2015)、竞争力(Fredberg,2014;Derksen et al.,2017),改善工作环境(Lewis & Smith,2014;Gnyawali et al.,2016;Knight & Paroutis,2017)等。可见,现有研究主要聚焦于探讨悖论式领导的有效性和积极影响。但值得注意的是,目前学术界对于悖论式领导作用结果的研究还不全面,其内在的作用机制和边界条件还需要进一步探讨与丰富。

首先,悖论式领导如何影响员工的绩效与创造力是当前有关该主题的研究重点,至于悖论式领导能否同时对员工的任务绩效和创新绩效产生正向影响则较少被关注。有研究指出,对新想法和新方案的探索会给行动者提供改进工作的机会但不利于维持高的绩效,而专注于日常任务的完成则会阻碍创新。因此,任务绩效和创新绩效被看作是一对矛盾的绩效结果(Bledow et al.,2009)。据此,本研究将聚焦于悖论式领导,探讨其是否可以促进矛盾要素的互补过程、调和竞争要求,并对员工任务绩效和创新绩效产生影响。

其次,本研究将整合意义建构理论,以意义建构的视角来说明悖论式领导影响员工任务绩效和创新绩效的角色认知机制。意义建构理论认为,意义建构过程是与环境信息紧密相关的。在高度不确定或模糊复杂的情境中,人们可能会提出诸如"发生了什么""这是怎么回事""我们怎么办"之类的问题,并试图参与相对主动的、有意识的意义建构,构建出一个认知秩序来理解当前环境在发生什么并决定如何应对(Weick,1995;Weick & Roberts,1993),从而消除认知障碍所引起的困惑、焦虑和紧张。例如,面对工作中相互竞争的张力和需求,一些人能够游刃有余,而一些人却疲于应对。造成这种差异的原因是什么?有研究认为,张力是一把双刃剑,可能会激发最佳绩效和创新,但也会引发焦虑,从而增加压力和防御反应(Lewis,2000;Smith & Berg,1987)。这种差异的形成原因可能并不在于问题本身,而在于人们思考问题的方式(Miron-Spektor et al.,2018)。当员工具备良好的意义建构能力时,他们就会对复杂矛盾的环境形成客观清晰的角色认知,并且能够理性地应对。当员工不具备良好的意义建构能力时,他们就会在复杂矛盾的环境中迷失自我,进而疲于应对。据此,悖论式领导的关键作用是建立团队成员的角色系统,通过角色意义建构确保成员的角色认知与行为期望联系在一起,从而理解和接受矛盾需求,以便团队成员能够在工作环境中有效地发挥这种角色认知的优势,积极应对绩效张力,并促进绩效张力的有效整合。因此,本研究致力于解释在面对绩效张力时,员工可能会被激发通过角色意义建构而达到最佳绩效的内在复杂机制。

最后,现有研究探讨影响悖论式领导对员工绩效产生作用的边界条件,主要聚焦于个体特质(心理安全感、调节焦点、认知闭合需求、矛盾思维)、组织特征(如团队任务互异性、团队认知灵活性)、工作特征(工作复杂性)及组织情境(环境动态性、层级文化)等边界条件在悖论式领导对员工绩效产出作用中的调节作用。而个体特质和组织特征等其他因素对于悖论式领导的有效性和员工任务绩效和创新绩效的提升也会有重要的影响。因此,本研究将分别探讨这两种因素在悖论式领导和员工绩效产出中的调节作用。

1.1.2 现实背景

在当今国际局势动荡的背景下,企业与以往相比,面临着更多的冲突和挑战。例如,如何在激烈的市场竞争中生存下来并为员工提供工作保障,如何在保证企业持续发展的同时提升组织的动态适应能力,如何在保持组织利益最大化的同时承担更多的社会责任等,这些悖论是任何组织都无法逃避的问题。正如上述的诸多矛盾,当它们单独出现时,看起来都合乎逻辑,但是当它们同时出现时,则需要组织做出权衡,避免以消极的方式展现出来。

在管理实践中,华为技术有限公司创始人任正非结合中国传统文化,提出灰度管理的思想。这一思想可以指导管理者在企业日常管理中,摒弃"非黑即白"的传统管理思维,正确地看待看似矛盾的要素,并且有效地利用这些矛盾要素。与此同时,调查发现,实践中企业非常重视管理者平衡矛盾需求的能力,而实际上具备这种能力的管理者非常少见。例如,新生代员工的独立性自我意识非常强,对企业的认同感往往比较低,因此在过去行之有效的管理方式现如今往往收效甚微。寻求平衡新生代员工的独立性自我和依附性自我需求的管理方法,可能在管理中能够有效化解这种矛盾需求。

因此,一方面通过管理实践总结经验,找到能够切实解决组织中矛盾问题的行之有效的方法,这需要管理者们的进一步观察和实践。另一方面,对于这些管理经验,需要学者们进行理论构建,推广运用到其他组织的管理实践中。

综上所述,基于理论与现实中存在的问题,本研究将运用意义建构理论,从员工的角色认知来解释悖论式领导对其任务绩效和创新绩效的影响机制。具体而言,从员工的创新角色认同、角色自主性和角色冲突这三种角色感知出发,考察悖论式领导影响后果的解释机制。此外,悖论式领导对员工任务绩效和创新绩效的影响,也可能受个体特质和组织特质等因素的影响。

1.2 研究目的与研究意义

1.2.1 研究目的

本研究的主旨是在意义建构视角下,深入研究悖论式领导与员工任务绩效和创新绩效之间的关系,探讨悖论式领导具体如何影响员工的任务绩效和创新绩效,其内部作用机制以及理论边界是什么。具体而言,本研究有如下几个目标。

(1)从创新角色认同这一角色感知出发,考察悖论式领导与员工任务绩效和创新绩效之间的积极关系及其内部机制与边界条件。基于意义建构理论和角色认同理论,构建悖论式领导影响员工任务绩效和创新绩效的理论模型。本研究认为,悖论式领导会通过个体意义建构和角色期望来影响员工的角色身份认知及其工作投入并最终影响员工的任务绩效和创新绩效。此外,本研究还提出组织创新重视感会增强这一积极影响。

(2)从角色自主性这一角色感知出发,考察悖论式领导与员工任务绩效和创新绩效之间的积极关系及其内部机制与边界条件。基于意义建构理论和自我决定理论,构建悖论式领导影响员工任务绩效和创新绩效的理论模型。本研究认为,悖论式领导给予员工工作自主裁量权和支配权,这种角色自主性不仅会增强员工的工作控制感,而且会增加员工积极应对可能面临的工作风险和压力的心理资源,从而激发员工风险承担意愿的内在动机,间接提高员工的任务绩效和创新绩效。此外,本研究还提出风险承担意愿会增强这一积极影响。

(3)从角色冲突这一角色感知出发,考察悖论式领导与员工任务绩效和创新绩效之间的积极关系及其内部机制与边界条件。基于意义建构理论和JD-R模型,构建悖论式领导影响员工任务绩效和创新绩效的理论模型。本研究认为,悖论式领导会通过缩小上下级角色认知的差异来降低员工的角色冲突,进而减少情绪和认知资源消耗来降低员工的情绪耗竭,最后间接提高员工的任务绩效和创新绩效。此外,本研究还提出员工的悖论思维会弱化这一积极影响。

1.2.2 研究意义

(1)理论意义。

① 深化了悖论式领导作用效果的研究。由于悖论式领导需要根据情境灵活转换领导方式,不同的个体对这种领导行为的解读存在一定的差异。悖论式领导的作用就是通过意义给赋,使员工形成对所处组织环境的一致、共享的理解。本研究结合意义建构理论(Weick,1995)、角色认同理论(McCall & Simmons,1978)、自我决定理论(Deci & Ryan,1985)、JD-R 模型(Demerouti,2001)及悖论式领导领域的相关研究结论,构建悖论式领导对员工任务绩效与创新绩效的影响机理框架,并予以验证,据此推进学界有关悖论式领导在组织中作用效果的研究。

② 完善了悖论式领导作用效果的边界条件。以往研究从个体特质、组织特征、工作特征及组织情境等视角探讨了悖论式领导在员工绩效产出作用中的调节作用。而个体特质和组织特征等其他因素对于悖论式领导的有效性和员工任务绩效和创新绩效的提升也会有重要的影响。因此,本研究从个体特质和组织特征出发,探讨了悖论思维、组织创新重视感和风险承担意愿对悖论式领导作用效果的边界条件,完善了有关悖论式领导有效性的边界条件的研究成果。

③ 丰富了悖论式领导的解释视角。本研究首次从意义建构视角揭示了悖论式领导对员工绩效产出的影响。尽管以往研究从阴阳视角、权变视角、社会交换视角等方面探讨了悖论式领导对员工行为及其绩效结果的影响,但这些解释视角没有从整体上描述悖论式领导如何影响员工角色认知的完整过程。本研究从意义建构视角出发,将这一影响过程概括为领导者意义建构—领导者意义给赋—下属意义建构三个过程,这三个过程不是单向的过程,而是由意义建构和意义给赋相互影响的持续循环的过程(Gioia & Chittipeddi,1991),从而形成悖论式领导与员工对持续变化的环境的共同解释。首先,悖论式领导通过意义建构建立起对自身所处不确定环境的理性认知并产生与环境相适应的领导行为;其次,悖论式领导通过意义给赋将其所理解的环境意义传递给员工以帮助员工认识其所处环境;最后,员工通过意义建构建立自身对悖论式领导行为的理性认知及自我角色认知并产生与其相适应的行为。

(2)实践意义。

本研究通过探讨悖论式领导与员工任务绩效和创新绩效之间的关系及其内

部机制,预期将会对企业的管理实践产生以下三点决策意义。

① 提醒企业注重对悖论式领导的甄选和培养。随着全球化市场竞争的加剧,组织的生存环境愈加复杂多变,迫使组织不得不在相互矛盾或冲突的需求中做出抉择。试图以一成不变的领导方式去应对组织相互冲突的矛盾需求无法发挥最佳的领导效能。所以要适应复杂动态的环境,领导者就需要有应对复杂环境中彼此相悖要求的能力。企业在选拔领导者时,应该对领导者的个人特质和价值观予以考察。本研究预测悖论式领导行为能够正向促进员工的创新行为,因此,企业可以通过培养更多的悖论式领导以应对多变的环境需求并促进企业的绩效。

② 帮助企业进行更好的员工管理工作。同一种领导方式对不同的员工可能有不同的效果。因此,企业一方面需要领导者展现出应对冲突需求的能力,另一方面也需要员工进行正确解读并形成其与领导者对情境的共同解释。本研究探讨了悖论式领导如何影响员工行为的内在过程机制,对企业如何通过领导影响员工进而激发其创新行为和避免其倦怠行为有很好的借鉴意义。在企业实践中,领导者总是希望他们的行为能被员工正确地理解和解读并做出适当的反应,然而,受员工经历、情感、偏见、能力等的影响,这种领导者和下属达成共同意愿的情况是很难发生的,必须要经过意义给赋—意义建构这一过程,通过明确团队目标和愿景、控制关键资源和信息等,帮助下属进行正确的情境解读。因此,员工也需要具备悖论思维以理解悖论式领导的行为方式。考虑到悖论思维可以通过培养获得,组织可以将悖论思维培训整合到员工发展计划中,以提高员工对自己和组织所面临问题进行正确理解的能力。注重有效的信息交流,以减少在面临张力时的情绪紧张和冲突。

③ 把握影响悖论式领导行为有效性发挥的条件。领导者在展现相悖的领导行为时可能不会出现预期的效果。本研究认为,除需要进行领导者与下属一致的情境解读之外,还应该探究组织特征对悖论式领导有效性的影响。本研究发现具有较高创新重视感和风险承担氛围的组织,更有利于发挥悖论式领导的领导效能。这启示组织管理者应该为员工营造一个宽松、自由、包容的组织氛围,鼓励员工主动冒险和挑战。同时,制定相应的创新鼓励政策,反复强调创造性活动对组织的重要性,表达对员工创造性活动的期望等。这样,员工在这种宽松、包容和支持的环境下便能够放心大胆地去思考、实践,并积极提升绩效产出水平。

1.3 基本概念界定

本研究涉及一些主要变量,如悖论式领导、创新角色认同、工作投入、组织创新重视感、员工绩效、角色自主性、风险承担意愿、角色冲突等。本节简要介绍相关变量的概念界定及研究现状。

(1)悖论式领导。

悖论式领导(paradoxical leadership)是指表面上看来相互矛盾实际上却相互联系的领导行为,这种行为是为了满足持续存在相互矛盾的工作场所的需要(Zhang et al.,2015)。现有研究从前因、作用机制、作用效果等方面对悖论式领导进行了探讨,其中前因变量研究包括个体因素(如认知复杂性(Rothenberg,1979)和整体思维(Zhang et al.,2015)等)、组织情境因素(如组织的包容性(Ferdman,2017)和环境不确定性(Zhang & Han,2019)等)、社会文化因素(如悖论的认知框架与处理范式(Smith & Tushman,2005));作用机制主要从自我决定、社会认知、社会学习、社会交换等视角进行探讨;作用效果则主要从个体、团队和组织层面,分别探讨员工的工作行为和工作绩效、团队创新以及组织绩效和创新能力等;而对悖论式领导发挥的边界调节,现有研究从认知视角、组织特征视角和社会环境视角进行了深入探讨(朱颖俊等,2019)。综上,悖论式领导的相关研究已经取得了一定的成果,但目前对悖论式领导的作用机制的研究还不够深入,对悖论式领导起作用的边界条件的探讨还相对较少,对悖论式领导结果的研究也不全面。

(2)创新角色认同。

创新角色认同(creative role identity)是指员工认同自我的创造力价值和把创造性发挥视作自己工作的核心的程度(Farmer et al.,2003;Tierney & Farmer,2011)。因此,相较于一般的角色认同,创新角色认同所重视的是个体对自我创造力角色的认可和发挥自身创造力的行为倾向。现有研究主要把创新角色认同作为中介或调节变量加以研究。作为中介变量的研究,如 Farmer 等(2003)发现创新角色认同在环境因素和员工创造力之间起中介作用;Wang 等(2014)发现创新角色认同在变革型领导与创新自我效能感之间起中介作用。作为调节变量的研究,如马君等(2015)探讨了创新角色认同在任务意义和创造力之间的调节作用。

(3)工作投入。

工作投入(work engagement)是指一种积极的、与工作相关的情感-认知状态,其特点是活力、奉献和专注(Schaufeli et al.,2002;Schaufeli & Salanova,2006)。现有研究对于工作投入前因变量的考察主要包括:个体特征因素,如正念(Leroy et al.,2013)、内在动机(李伟和梅继霞,2013)、人格坚韧性(Britt et al.,2001)等;环境因素,如组织支持(李锐和凌文铨,2007)、领导风格(Tims et al.,2011)、时间压力(Kunzelmann & Rigotti,2020)及可获取的工作资源(Schaufeli & Bakker,2004)等。对于工作投入结果变量的考察,侧重于工作态度和工作绩效等方面。关于工作态度的探讨包括工作满意度、组织承诺、离职意愿等;关于工作绩效的探讨主要围绕工作投入与员工绩效的关系展开,并且一些研究者的研究结果表明两者并不直接正相关,工作投入只有与特定的工作气氛相结合,才会对工作绩效产生正面影响(Salanova et al.,2005)。另外,研究发现工作投入还通过溢出效应(spillover)将这一积极的心理状态传递到个体的工作家庭领域(Culbertson et al.,2012);通过转移效应(shift)使得个体从消极事件发生和消极情绪存在的情境转移到具有高度积极情绪的情境(Bledow et al.,2011)。

(4)组织创新重视感。

组织创新重视感(perceived organizational valuing of creativity)是指组织成员对于组织如何看待并重视其创新活动的综合性知觉(Farmer et al.,2003;曲如杰等,2019)。组织对创新的重视是创新支持氛围的重要维度(Farmer et al.,2003),代表了一种支持创新和创造力的组织环境(Amabile,1988),是一个组织对待创新和创造力的最基本的导向。创新重视程度高的组织表现在:①该组织鼓励新想法的产生和发展;②该组织对新想法的公正、支持性评价;③该组织对创造力的奖励和认可。当员工感知到创造力受组织高度重视时,他们可能会尝试去创新(Scott & Bruce,1994)。因为在这种情况下,与创造力相关的潜在风险被最小化,对创新想法有效性的感知会很高(Zhou & George,2001)。

(5)员工绩效。

现有研究普遍关注的员工绩效结果包括任务绩效、关系绩效、学习绩效和创新绩效等。本研究重点关注员工的任务绩效和创新绩效。任务绩效(task performance)是指个体为了完成角色要求和职责范围内工作任务而展现的一系列行为。创新绩效(creative performance)是指个体在工作过程中产生新颖而有用想法并付诸实践的行为。任务绩效要求组织成员利用现有的知识和技能,以确保满足制定的工作角色要求;创新绩效则要求组织成员跳出既定的框架,产生新的想法和解决方案。研究发现,对新想法和新方案的探索会给行动者提供改进工作的机会,但不利于维持高的绩效;而专注于日常任务的完成则会阻碍创新。因此,任务绩效和创新绩效被看作是一对矛盾的绩效结果(Bledow et al.,2009)。

(6)角色自主性。

自主性是心理授权的维度之一,指的是个体对工作活动的控制能力(Spreitzer,1995)。心理授权包括意义、胜任力、自主性和影响力四类认知,这四类认知共同反映了一种积极的工作角色导向,有助于员工自主塑造其工作角色和内容(Thomas & Velthouse,1990;李超平等,2006)。Thomas 和 Velthouse(1990)提出个体心理授权模型,认为环境事件和个体解释(归因、评价)会对工作任务评价(即意义、胜任力、自主性和影响力)产生影响,从而影响个体行为,而个体行为反过来又会对环境事件和个体解释产生影响。现有研究发现,心理授权对员工的工作态度、工作行为和绩效等方面均有显著影响,但是它的各个维度的影响效应存在一定的差异。就自主性而言,研究发现,自主性对员工满意度有显著的积极预测作用(Fock et al.,2011;Khany & Tazik,2016)。雷巧玲和赵更申(2007)发现自主性对感情承诺和继续承诺均存在正向影响作用。吴志平等(2010)发现自主性对组织承诺有显著的正向影响作用。

本研究从员工对工作角色的认知出发,认为角色自主性是员工在工作中对其工作角色和工作内容的自觉性和控制能力。角色自主性反映了员工在开展工作时拥有选择权,例如对工作方法、进度和努力的决定。这与心理授权维度之一的自主性的概念内涵极为相似。因此,本研究将角色自主性等同于自主性加以应用。

(7)风险承担意愿。

风险承担意愿(willingness to take risks)是指个体愿意承担工作中的潜在风险,以努力产生积极的组织相关结果,从而使个体愿意接受负面个人结果的可能性(Dewett,2006)。风险对于在工作中从事创造性行为的员工来说是显而易见的(Dewett,2006)。因此,风险承担意愿代表了员工在以改进的方式完成工作或实现目标的过程中,冒险尝试自己认为好的想法的意愿。在本研究中,风险承担意愿不是指广义上的工作中的冒险行为,也非任何从事生产性风险行为的意愿,如撒谎、习惯性迟到或贪污等,而是指一个人被工作本身的内在兴趣和乐趣所驱使而产生的一种内在动机,这种动机促使员工积极面对挑战以推进组织实现最佳绩效。风险承担意愿并不意味着需要员工有盲目的冒险意愿或过度的积极情绪,而是员工在面对潜在的负面结果时愿意承担潜在的风险。因此,在创造性情境下,风险是存在且突出的,而不同员工承担风险的意愿也各不相同。现有研究表明,愿意承担风险的员工倾向于表现出超出角色要求和期望的行为,而不是遵循被禁止的工作方法(Schneider & Reichers,1983)。

(8)风险承担氛围。

风险承担氛围(risk-taking climate)是组织氛围中可能影响员工创新绩效的一个特殊方面(García-Granero et al.,2015)。在组织环境中进行创新可以被视为冒险行为,因为从员工的角度来看,这些行为的后果是不确定的,如果失败了,可能会面临消极后果。例如,Janssen(2003)的研究发现,创新的员工很可能会与同事发生冲突,因为推动新想法的员工是在挑战既定的行动方针和同事的设想,因此很可能出现以工作冲突为形式的阻力。Albrecht 和 Hall(1991)的研究发现,创新行为被认为是有风险的,因为它扰乱了企业的日常运营,颠覆了组织关系和权力平衡,并危及员工的工作安全。但是,如果员工认为组织氛围支持冒险和创新行为,那么员工对负面后果的顾虑有可能会减少。从管理者的角度来看,承担风险意味着将大量资源投入有可能失败的活动,包括承担债务或承诺大量资源,以期获得潜在的高收益。研究表明,管理者对风险行为的偏好与获得更高的创新结果正相关(Ling et al.,2008)。与风险厌恶型管理者相比,风险偏好较高的管理者更有可能考虑风险决策的潜在收益(Ling et al.,2008)。

(9)角色冲突。

角色冲突(role conflict)指的是角色多方期望之间的不兼容性或者单个角色中多方面期望之间的不兼容性(Peterson et al.,1995)。角色冲突的内涵可以从两个方面加以理解,一方面,角色冲突既是一种客观存在的状况,同时也是个体对这种状况的主观感知。另一方面,相冲突的角色要求在本质上可能相互冲突,也可能不相冲突。例如,工作和家庭这两个角色对个体提出了不相容的要求,而个体又很难同时满足两者的要求,从而导致了工作、家庭冲突。再比如,个体对自身角色期望与组织规定的角色要求之间可能存在冲突,在既定的时间和能力下,个体可能难以同时满足,但若个体在提升自我技能或提高工作效率的前提下,则有可能同时满足这样的角色要求。

角色冲突是角色压力的一种形式,是在工作场所中经常发生的消极事件。角色冲突容易引发员工的挫折、担心、害怕等消极情绪,进而导致员工对当前工作的不满和倦怠,从而对工作结果产生负面影响。已有研究表明,角色冲突作为一种压力源,会对员工的工作满意度产生影响(Fried et al.,2008;Yun et al.,2007),这是因为角色冲突降低了员工完成工作任务的能力。当员工不能完成工作时,他们很可能在工作中产生负面情绪和焦虑(LePine et al.,2005)。

(10) 情绪耗竭。

情绪耗竭(emotional exhaustion)指的是个体的情绪和生理资源被过度使用和耗尽的感觉(Maslach et al.,2001)。情绪耗竭是工作倦怠在个体压力层面的表现。一个人如果被情绪耗竭的体验支配,就会缺乏活力,并伴有挫折感、紧张感等心理状态,导致个体无法继续正常有效地从事本职工作(Cropanzano et al.,2003)。已有研究表明,个体因素、工作因素和组织因素都可能引起个体的情绪耗竭。在个体因素方面,个体的性别、年龄、人格特征、工作态度等可能与情绪耗竭有关。如与男性相比,女性护理教师具有更高的情绪耗竭水平;对大五人格维度的研究发现,情绪耗竭与神经质维度有关;员工对工作的期望过高,而当过高的工作努力没有产生预期的结果时,便会导致个体的情绪耗竭(Leiter et al.,1998;Maslach et al.,2001)。在工作因素方面,工作量、情绪要求、时间压力等都与情绪耗竭有关。如超负荷工作、工作任务多负担重都会导致情绪耗竭;在服务行业,情绪劳动中表层扮演消耗了个体更多的情绪资源而导致情绪耗竭(Moore,2000;Witt et al.,2004;廖化化和颜爱民,2016)。在组织因素方面,人际关系包括员工之间、员工与领导之间以及员工与组织之间的关系,都会影响员工的情绪耗竭(赵李晶等,2018;李丹等,2018;孙佳思等,2019)。

情绪耗竭是个体对长期积累的压力反应的结果,其产生一方面与各种压力源有关,另一方面也与自身应对压力的方式有关。个体的压力产生包括评估和应对两个过程(Lazarus,1989)。当面对外界刺激因素时,个体首先会对这些因素(压力源)进行评估,包括客观评价和主观评价,客观评价是对压力源本身的评价,主观评价则是判断压力源是否威胁到其目标的实现和幸福感的评价,以此形成个体对压力的感知,并确定自己是否有足够的资源和能力应对这些压力。其次,在前期评价的基础上,个体会决定采取何种方式应对这些压力,如改变自身的认知和行为以适应这样的不良处境等。因此,情绪耗竭一般情况下被当作一种破坏性的心理状态加以研究。它不仅会影响个体的工作绩效,也会影响个体的心理和生活。现有研究发现,情绪耗竭会降低员工的工作满意度、组织承诺水平、工作绩效、心理健康水平等(Cropanzano et al.,2003;张芳芳等,2015;李霞等,2021),增加员工的负向工作行为,如离职倾向、沉默行为等(Cropanzano et al.,2003;易明等,2018)。

(11) 悖论思维。

悖论思维(paradox mindset)是指一个人接受矛盾和张力并被其激励的程度(Miron-Spektor et al.,2018)。这一定义不仅包含个体对矛盾和张力的认知反应,也包含个体对矛盾和张力的情绪反应。认知反应方面,如果个体将张力视为困境,就会通过寻求解决冲突和张力引发的不适来缓解焦虑,那么这种对于张力的反应可能会带来威胁,并导致功能失调。这种将矛盾视为对立的双方,只能加剧相互依存且相互对立的需求之间的冲突(Sundaramurthy & Lewis,2003)。相反,如果个体将张力视为一种自然而持久的状态,就不会回避或试图消除张力,而会承认兼顾双方的潜在好处。例如,具有悖论思维的员工,在既要实现既定的工作绩效,又要学习以发展新的工作技能时,可能会综合绩效目标和学习目标,并在两者之间灵活转换(Miron-Spektor & Beenen,2015)。在情绪反应方面,试图消除张力可能会消耗个体的情绪资源(Vince & Broussine,1996),但当接受并重视这些张力时,个体可能从中获得能量,并增加他们完成工作的总体可用资源(Kanfer & Ackerman,1989)。

悖论思维不仅是解决矛盾和张力的重要途径,也能对工作结果产生积极影响。已有研究表明,悖论思维有助于增强个体的认知灵活性和复杂思维(Poole & Van de Ven,1989;Tetlock et al.,1993),激励员工更专注于工作(Miron-Spektor et al.,2018),并且对工作投入、组织承诺、创新工作行为、领导有效性、创新绩效等有正向影响作用(Yin,2021;Sleesman,2019;Liu et al.,2020;Zheng et al.,2018;张柏楠等,2020)。

1.4 研究的基本结构、方法与技术路线

1.4.1 研究的基本结构

本研究共包含 7 个章节的内容,具体章节结构安排如下。

第 1 章是绪论。本章主要介绍研究背景、研究目的以及研究意义;基本概念界定;研究方法与技术路线;研究的主要创新点等。

第 2 章是文献综述。本章回顾悖论式领导和员工绩效的相关研究,重点梳理悖论式领导的概念、影响因素、影响过程以及影响结果研究。通过文献研究,本章将对已有悖论式领导的文献进行述评,并为后续的理论发展奠定一定的基础。

第 3 章是理论基础及模型构建。本章主要介绍本研究的基础理论及模型构建。首先,介绍意义建构理论相关的概念、特征和过程,重点介绍领导者的意义

建构与意义给赋及其对下属意义建构的影响。其次,在意义建构理论的基础上,分别从员工的三种角色感知构建悖论式领导与员工工作绩效之间的可能关系,构建整体的研究模型。

第4章探讨悖论式领导通过创新角色认同和工作投入影响员工工作绩效的重要内部机制,并进一步指出组织创新重视感会调节悖论式领导与创新角色认同之间的关系。本研究通过问卷调查和数据分析,分别检验了所提出的假设,并且对研究结果进行了基本概述和深入分析。最后,在研究结果的基础上,针对如何发挥悖论式领导的积极作用提出了管理对策。

第5章探讨悖论式领导通过角色自主性和风险承担意愿影响员工工作绩效的重要内部机制,并进一步指出风险承担氛围会调节角色自主性与风险承担意愿之间的关系。本研究通过问卷调查和数据分析,分别检验了所提出的假设,并且对研究结果进行了基本概述和深入分析。最后,在研究结果的基础上,针对如何发挥悖论式领导的积极作用提出了管理对策。

第6章探讨悖论式领导通过角色冲突和情绪耗竭影响员工工作绩效的重要内部机制,并进一步指出悖论思维会调节悖论式领导与角色冲突之间的关系。本研究通过问卷调查和数据分析,分别检验了所提出的假设,并且对研究结果进行了基本概述和深入分析。最后,在研究结果的基础上,针对如何发挥悖论式领导的积极作用提出了管理对策。

第7章是结论与展望。本章讨论三个研究的研究结论、理论贡献及管理启示,并且结合研究局限性提出了未来的研究方向。

1.4.2 研究方法

通过定性和定量相结合的方法,本研究进行了相应的理论构建和模型检验。具体而言,首先,本研究在对组织行为学及人力资源管理等领域中与悖论式领导、意义建构理论相关的文献进行回顾的基础上,构建本研究的整体理论模型。其次,本研究通过问卷调查收集三个研究模型的实证数据。最后,本研究采用SPSS和Mplus等软件,通过相关分析、方差分析、因子分析等分析技术对所提出的假设进行检验。

(1)文献研究与规范分析。本研究持续广泛地收集国内外相关文献资料,跟踪了解悖论式领导行为研究的现状。通过文献和实践的发掘、归纳和分析,一方面掌握悖论式领导行为的前沿理论,另一方面不断修订和完善本研究的理论构思和模型构建。

(2)问卷调查法。在问卷调查中,本研究将采用领导-下属配对的实证问卷调查方法,揭示不同变量之间的关系。具体调查悖论式领导、工作绩效(任务绩效和创新绩效)、创新角色认同、组织创新重视感、工作投入、角色自主性、风险承担意愿、风险承担氛围、角色冲突、情绪耗竭、悖论思维等相关变量。所用量表均采用成熟量表,其中悖论式领导采用 Zhang 等(2015)开发的 5 个维度 22 个题项的量表;任务绩效采用 Farh 等(1991)编制的 3 个题项量表;创新绩效采用 Madjar 等(2011)编制的 6 个题项量表;创新角色认同采用 Farmer 等(2003)开发的 3 个题项的量表;工作投入采用 Schaufeli 等(2006)开发的 9 个题项量表;组织创新重视感采用 Farmer 等(2003)开发的 6 个题项量表;角色自主性采用 Spreitzer(1995)开发的心理授权量表,其中角色自主性维度包含 3 个题项;风险承担意愿采用 Andrews 和 Smith(1996)开发的 3 个题项量表;风险承担氛围采用 Ibarra 和 Andrews(1993)开发的 5 个题项量表;角色冲突采用 Peterson 等(1995)在 House 等(1983)的研究基础上开发的角色困境量表,共 13 个题项量表,其中角色冲突包含 3 个题项;情绪耗竭采用国内学者李超平和时勘(2003)在 Maslach 等(1997)开发的量表基础上修编的 MBI-GS 中文版量表,该量表包含 3 个维度共 15 个题项,其中情绪耗竭包括 5 个题项;悖论思维采用 Miron-Spektor 等(2018)编制的 9 个题项量表。

(3)统计分析和软件。本研究实证部分数据分析主要涉及描述性统计分析、信度分析、验证性因子分析、相关分析、结构方程模型、多层线性模型等。首先,通过 SPSS 26.0 进行相关变量的描述性统计分析、信度分析、相关分析。其次,通过 Mplus 8.3,采用验证性因子分析检验变量之间的区分效度。最后,通过 Mplus 8.3 建立潜变量结构方程模型对个体层面中介效应进行检验;通过 Mplus 8.3 建立跨层次调节模型进行调节效应检验,并进一步建立跨层次、有调节的中介模型进行检验。具体而言,针对调节效应,通过构建相应的交互项来进行路径分析,并通过计算简单斜率来进行验证。针对间接效应和有调节的中介效应,采用 Bootstrap 法进一步估计 95% 置信区间。

1.4.3 研究的技术路线

本研究的技术路线如图 1-1 所示,是总体性的研究规划。

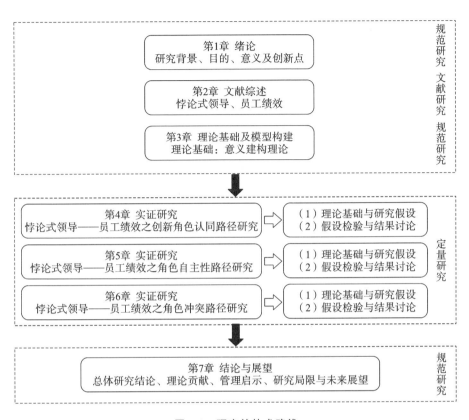

图 1-1 研究的技术路线

1.5 主要创新点

本研究在意义建构视角下,深入探究悖论式领导如何影响员工任务绩效和创新绩效的内部作用机制和理论边界。本研究的创新点体现在如下几个方面。

（1）本研究提出绩效悖论(任务绩效和创新绩效)是悖论式领导一个重要的作用效果。目前学术界对于悖论式领导作用效果的探讨与其他领导方式(如变革型领导、自恋型领导)相比并无特别之处,主要聚焦于个体层面的工作态度、工作投入、工作角色绩效、创造力、创新行为,团队层面的团队创新及组织层面的组织绩效和组织创新等。这些研究成果虽然肯定了悖论式领导的积极作用,却没有体现悖论式领导的独特之处。基于悖论式领导善于调和固有的竞争性要求,本研究提出悖论式领导可以同时促进员工的任务绩效和创新绩效,是目前在领导领域第一项检验悖论式领导作用于员工绩效悖论的实证研究。

(2)本研究提出悖论式领导可以有效地建立员工的角色认知系统,进一步打开了悖论式领导影响员工绩效的过程黑箱。既有关于悖论式领导的影响结果研究,大多从社会认知、社会学习、社会交换等视角探讨悖论式领导与员工绩效之间的关系。本研究从角色认知视角,构建并检验了悖论式领导对员工绩效产生影响的三种角色感知路径。在这一过程中,悖论式领导的关键作用是建立团队成员的角色认知系统,即创新角色、角色自主性和角色冲突,并且通过员工的角色意义建构确保成员的角色认知与领导对员工的行为期望联系在一起,从而确保员工理解和接受矛盾需求,并能在工作中有效地发挥这种角色认知的优势。这不仅拓展和丰富了现有悖论式领导与员工绩效之间作用机制的研究,也为今后探讨其他中介机制提供了新的路径和思考方向。

(3)本研究基于意义建构理论,解释了为什么在面对工作中相互竞争的张力和需求时,悖论式领导可能会激发最佳绩效和创新。本研究通过引入意义建构理论,创造性地提出悖论式领导可通过意义给赋为员工提供解读环境的能力,形成自我的角色认知,进而采取行动巩固他们的角色身份。当员工具备良好的意义建构能力时,他们就会对复杂矛盾的环境形成客观清晰的认识,并且能够理性地应对。当员工不具备良好的意义建构能力时,他们就会在复杂矛盾的环境中迷失自我,进而疲于应对。这为悖论式领导的有效性以及员工相互冲突绩效结果的前因研究均提供了新的思路,也为今后探讨悖论式领导对其他冲突结果(如长期与短期收益)的研究提供了丰富的理论视角。

(4)本研究分析了悖论式领导对员工绩效悖论产生影响的边界条件。个体身处与自身价值观和其他特质相一致的场所时,会更加积极地展现自我。因此,在与员工互动的过程中,悖论式领导对员工工作绩效的作用机制必然会受到个体特质和组织特征的调节。个体特质有助于员工在矛盾问题上与领导形成一致性认知,而组织特征则为员工提供了一个鼓励创新、容许失败的包容性环境。本研究基于组织对领导者和员工需求都发生根本性改变的背景,结合角色认知这一中介的相关机理,深入探讨了悖论思维、组织创新重视感和风险承担氛围的调节作用,丰富了悖论式领导作用效果的边界条件。

2 文 献 综 述

作为一种新的领导方式,悖论式领导受到了研究者们的广泛关注,研究成果也相对丰富。员工绩效同样是研究者们关注的问题,也取得了丰硕的成果。本章首先对悖论式领导的相关文献进行述评,其次对员工绩效的相关文献进行述评。

2.1 悖论式领导文献综述

本研究借助文献计量学的方法,通过采用关键词搜索的方式,搜索国内外几个较为权威的数据库了解悖论式领导的研究现状。具体操作方式如下:分别以"paradoxical leadership"和"paradoxical leader behaviors"为标题或主题词在英文数据库中进行搜索,并对相关文献进行整理;以"悖论式领导""悖论型领导""矛盾式领导"和"矛盾型领导"为标题或主题词在中文数据库中搜索期刊论文,并对相关文献进行整理。在发表年份的选择上,本研究主要聚焦于 2010 年 1 月至 2021 年 12 月这一期间发表的文章;在学术期刊的选择上,则以影响因子较高的主流核心期刊为主,其中,中文文献选择"知网"数据库中的"北大核心"和"南大核心"两大核心期刊,英文数据库则选择 EBSCO 旗舰型学术检索平台、ProQuest Research Library 和 Web of Science 三个数据库。

通过表 2-1 可以看出,有关悖论式领导的研究从 2010 年起步,特别是美国学者 Smith 等(2012)正式提出悖论式领导(paradoxical leadership)这一概念以来,学术界开始关注这一研究问题。Zhang 等(2015)开发了悖论式领导的测量量表之后,学者们开始通过实证研究检验悖论式领导的作用效果及作用机制。总体而言,这一概念目前受到国内外的高度关注,研究成果也颇为丰硕。从发表数量来看,总共发表 62 篇文章,中文文献 25 篇(40.3%),英文文献 37 篇(59.7%)。从文献性质来看,定性研究 12 篇(19.4%),定量研究 50 篇(80.6%)。

表 2-1　文献统计情况

	2010—2015 年	2015—2021 年	总计	定性研究	定量研究
中文	0	25	25	4	21
英文	3	34	37	8	29
总计	3	59	62	12	50

2.1.1　悖论式领导的概念内涵

自 Smith 等(2012)正式提出悖论式领导(paradoxical leadership)这一概念以来,研究者们分别从四个不同的视角来界定悖论式领导概念的含义(见表 2-2)。第一,特质与认知视角,这一视角基于悖论式领导的个人特质(认知复杂型、情绪平静型)(Smith & Tushman,2005;Waldman & Bowen,2016)和("二者都"的)认知(Smith & Lewis,2011;Chen,2008,2011)来阐明何谓悖论式领导。第二,行为视角,这一视角注重悖论式领导的行为特征,即表面上看似矛盾实则内在关联,此类行为有助于领导者在面对复杂环境,处理多维任务角色的需求时,能够同时接纳和处理相互对立着的矛盾双方(Zhang et al.,2015;Kauppila et al.,2016;罗瑾琏等,2015,2017)。第三,能力视角,这一视角关注悖论式领导的特殊能力,即超越冲突与矛盾的能力,它可以细分为悖论的接受能力、差异化能力和整合能力(Smith et al.,2012)。具备接受能力,意味着领导者对悖论持有开放心态,承认对立的需求是组织不可或缺的部分,从而学会接受对立;差异化能力强调的是对各类方案之间的区别和不同贡献的识别能力;整合能力是指基于促进信任和开放文化,在不同的备选方案之间寻找协同效应(刘燕君等,2018)。第四,实践视角,这一视角强调悖论式领导所从事的实践活动,具体包括在应对组织情境中的绩效悖论、归属悖论、组织悖论和学习悖论中的有意识的活动(Smith & Lewis,2011)。

表 2-2　悖论式领导的概念界定

视角	概念	研究者
特质与认知视角	采用"二者都"(both...and)而不是"二选一"(either...or)的思维	Smith & Lewis(2011)
	认知和情感特质的结合物	Waldman & Bowen(2016)

续表

视角	概念	研究者
行为视角	貌似相互冲突却内在关联的行为,此类行为能应对工作场所持续存在的矛盾	Zhang et al.(2015) 罗瑾琏等(2015,2017)
	高绩效期望和高管理支持的领导行为	Kauppila et al.(2016)
能力视角	接纳能力、差异化能力和整合能力	Smith et al.(2012)
	在不同的心理定势之间进行认知控制和转换的能力	Good & Michel(2013)
实践视角	悖论被看作提升绩效的关键要素;积极辨识和提升悖论;规避焦虑与防御困境;坚持"二者都"的沟通原则;采取多样化方式关注悖论的不同侧面	Lewis et al.(2011)

资料来源:根据相关文献整理。

2.1.2 悖论式领导行为的测量

在国内外的管理实践中,悖论式领导业已存在较长一段时间,然而学者们近年来才开始对之展开理论研究。关于悖论式领导的测量,现行的量表有两个,即 Zhang 等(2015)的五维度行为量表(PLB)和 Jansen 等(2016)的二维度量表。

从源于中国本土的道家学派的阴阳理论出发,Zhang 等(2015)提出了悖论式领导行为的概念,用以指称那些貌似彼此冲突却又相互联系的行为,这些行为既能在特定时间满足工作场所的需求,又随着时间变化而变化。Zhang 等(2015)把悖论称为"两者都"(both...and),并从五个维度来衡量这一领导行为,即:以自我为中心且兼顾他者;保持距离又不乏亲密;对下属一视同仁且允准保持个性;加强工作要求又不失灵活性;保持决策控制亦允准自主性。在中国情境下,这五个维度的信度和效度都比较高,Cronbach 系数均大于 0.84。

Jansen 等(2016)指出,悖论式领导主要有两个维度,即绩效维度与支持维度,前者注重下属的工作效率和行为约束,后者注重决策的公开性和下属的参与度。对于绩效维度的测量,Kauppila 等(2016)主张用 Podsakoff 等(1990)开发的三题项量表,对于支持维度的测量,则用 Nifadkar 等(2012)开发的三题项量表。

既有成果在一定层面上解决了悖论式领导的测量,但两者的侧重点有所不同。首先,悖论式领导有关员工绩效的要求和对员工的支持,是二维度量表测量

19

的内容;而悖论式领导通过时间与情境来转化冲突并"同时"处理相互竞争需要的策略,则是五维度的行为量表运用意义双关的题目要测量的内容。五维度的测量,是要揭示冲突的双方是如何内在关联与互益的,这符合矛盾的整体性;以及冲突双方如何相对稳定而不是绝对稳定,这符合矛盾的动态性。所以,相较于二维度量表,五维度量表更可以展现悖论式领导如何随着时间推移,去联结与调和矛盾的两方。其次,五维度量表经受住了五个来自中国的样本的检验,这证明它在中国这一特定情境之下是有效的。与之不同,二维度量表的开发是以西方情境为基础的。但是,鉴于悖论式领导方式自身就是与文化多元的情境相关的,两种测量方式的稳定性是否会因不同的文化情境而有所不同,有待进一步考察。

2.1.3 悖论式领导的影响因素研究

(1)个体因素。

Lüscher和Lewis(2008)的研究显示,领导者本身拥有的悖论特性,往往会促使他去探索组织悖论。基于对当前文献的梳理表明,具备认知复杂性(Smith & Tushman,2005)、行为复杂性(Denison et al.,1995)和情绪平静性(Smith & Lewis,2011)特征的行为者,更倾向于接纳和运用悖论。

首先,悖论式领导与认知复杂性相关。Smith和Lewis(2011)主张认知复杂性是悖论式领导所具备的关键因素。Hannah等(2013)从角色理论出发,主张领导者的自身复杂性是一种特质,它有两个方面:思想和大脑,前者是领导者自我概念的复杂性,后者是基于神经科学的复杂领导力。此种特质赋予领导者辨识与各种不同角色相关的技能、态度等,并同时能够将它们整合为一个统一体,由此塑造出领导者的整体形象。Zhang等(2015)通过实证研究表明,悖论式领导的关键认知前因是整体思维和综合复杂性。Ishaq等(2021)基于领导特质理论,证实了五大人格可以有效预测悖论式领导,其中领导者的外向性和开放性与悖论式领导正相关,而领导者的亲和性、责任心和神经质则与悖论式领导负相关。

其次,悖论式领导与行为复杂性密切相关。根据Waldman和Bowen(2016)的研究,领导者的行为自身就具有悖论性质:既具有强烈自我意识同时又保持谦逊;既注重控制又懂得放任;既保持连续性又兼顾跳跃性;既以利润为导向又注重企业的社会责任。Dension等(1995)主张,在竞争较为激烈的情境下,行为复杂性的领导者更易于接受和运用悖论。

最后,悖论式领导往往具有情绪平静性的特质。组织自身的不确定性和悖论张力，会使领导者产生应激性的紧张和焦虑，情绪平静性的特质有助于降低这些负面情绪的影响。Sundaramurth 和 Lewis(2003)的研究表明，处理冲突时的缓和与平静情绪，可在一定程度上减弱造成反作用的防御，减少相应的恶性循环。Waldman 和 Bowen(2016)主张悖论式领导的行为直接受领导者情绪调节能力的影响，包括控制自身情绪反应的能力、保持平静的能力和情绪稳定的能力等。

(2)组织情境因素。

组织情境因素不同于个体因素，它是悖论式领导得以形成的结构性因素。在网络化、信息化高度发达的今天，传统组织自身的局限性越来越突出。为了适应日新月异、动态变化的复杂环境，组织日趋从单一、固定、竞争的样态朝向多层、动态、竞合的样态转变，相互冲突的因素在组织中愈加显见和持久。与组织情境相关的此类变化，必然引致对新的领导方式的需求，这就是悖论式领导得以产生的客观背景。

组织的动态因子(dynamic capabilities)是形成悖论式领导的工具性条件。动态因子指那些能够使企业领导者有效应对不断变化的环境的流程、惯例和技能(Teece et al.,1997)。Smith 和 Lewis(2011)主张，动态因子可以在组织层面使领导者对悖论持更为开放的态度。动态因子促使领导者凭借不同的结构、文化和学习过程去寻求新信息并加以统合，据此形成有助于领导者应对环境变化的集体工具，从而促使其成员更易于接受组织悖论带来的张力。

组织的包容性为悖论式领导的形成提供氛围。组织氛围往往会对领导的行为方式产生影响。组织的包容不是静态的，而是一个积极的动态融合过程，借此可以把那些异质性和多样性的要素，整合为有价值的资源(Ferdman,2017)。身处具有包容性的体系中时，个体可以在保持自己独特性的同时融入组织整体之中。因此，包容性组织能够促使个体的自我展示，有效地解决个体和集体之间的悖论张力，从而使其乐于为集体去努力工作。

(3)社会文化因素。

个体因素作为主体性因素，组织情境因素作为结构性因素，两者构成了悖论式领导的内生性核心因素，而与之相对的则是作为渗透性外缘因素的社会文化因素(见表 2-3)。

首先，不同的社会文化背景会造成人们对悖论的不同理解。Smith 和 Tushman(2005)指出，文化和情境变量会制约领导者的悖论认知框架。Keller 等(2011,2017)的研究表明，相比于美国人，中国人更青睐合作和竞争并存的环境。其次，社会文化背景还会影响人们处理悖论的范式。东方哲学，尤其是传统中国哲学，无论儒家还是道家所倡导的都是万物相依相生，人与人之间应当和而不同，处事风格则强调中庸之道。与之不同，西方思想家更注重个体性，强调事物之间的对立、差异和冲突，讲究思维和行为的彻底性（Keller et al., 2011; Chen, 2002）。Keller 等（2017）研究了个体运用悖论框架时如何受到文化条件的影响。该研究以中国和美国企业的员工现实中存在的合作与竞争关系作为实证背景，以员工之间的互相超越和彼此协助作为条件。结论表明，中国人比美国人更擅长以竞合的方式处理遇到的悖论。

表 2-3 悖论式领导行为的形成因素

影响因素		内容	观点	代表
内生性核心因素	个体因素（主体性因素）	认知复杂性	兼容并蓄思维、认知灵活性、"两者都"	Rothenberg(1979) Chen(2008) Chen & Miller(2011) Good & Michel(2013) Zhang et al.(2015)
		行为复杂性	在矛盾环境下更倾向于接受和利用悖论	Waldman & Bowen(2016) Dension(1995) Jarzabkows(2013)
		情绪平静性	面对矛盾时，缓和与平静情绪	Waldman & Bowen(2016) Sundaramurthy & Lewis(2003)
	组织情境因素（结构性因素）	组织悖论的存在	悖论式领导的客观基础	Uhl-Bien et al.(2007)
		组织的动态因子	为悖论式领导形成提供工具	Smith & Lewis(2011)
		组织的包容性	为悖论式领导的形成提供氛围	Ferdman(2017)
渗透性外缘因素	社会文化因素	悖论的认知框架与处理范式	受到文化和情境变量的影响，东方文化重中庸之道，西方文化强调二元对立	Smith & Tushman(2005) Keller & Loewenstein(2011, 2017) Chen(2002)

资料来源：根据相关文献整理。

2.1.4 悖论式领导的影响过程研究

(1)自我决定机制。

自我决定理论主张个体的技能水平要想达最高,需要满足自主、胜任和关系这三个基本心理需求(Deci & Ryan,2000)。自主需求是指个体有自己决定自己如何去选择行动方式的需求。胜任需求意指个体有希望自己能够完成富有挑战性的工作以达到所期待的结果的需求。关系需求意指个体有与他者社交并赢得尊重的需求。

首先,悖论式领导在保有决策控制时能容许下属的自主性,由此激发下属的自主性和能动性,使之即便在为组织工作也能体验到更多的自由。Tripathi(2017)研究证实悖论式领导能够显著激发员工应对挑战性压力源的动机,增强员工的自主和控制需求,从而提高员工的工作参与度。有研究认为,悖论式领导可以通过提高员工的目标清晰度、工作自主性和心理授权提高员工的工作投入(Fürstenberg et al.,2021;Huertas et al.,2019)。Ren 和 Zhu(2020)通过研究发现,悖论式领导的激励机制和群体动力转化能力有助于提升团队协作度和员工角色投入,进而增强团队创新和员工创新。

其次,悖论式领导通过同时给员工分配挑战性目标并提供培训和反馈来增加员工的心理安全感,从而满足员工胜任需求。王朝晖(2018)以316名一线员工为调查对象展开实证研究,研究结果表明通过员工的心理安全感和工作繁荣感这一中介机制,悖论式领导可以正向影响员工的双元行为。杨柳(2019)通过研究发现,悖论式领导通过增加员工的心理授权提高员工的工作投入。褚昊和黄宁宁(2020)证实悖论式领导通过和谐工作激情和强迫型工作激情影响员工的角色内绩效和角色外绩效。

最后,悖论式领导能较好地满足员工对人际关系的需求。既近又远是悖论领导与下属建立关系的基本原则,此种关系能使组织成员之间的情感维持在一个适中的程度,减少员工为维系关系而进行的不必要的情感消耗,从而有助于建立同事之间和上下级之间的互信关系,促进员工与企业的和谐。牛晨晨等(2021)证实悖论式领导通过提高员工的企业社会责任来促进其环保组织公民行为。

(2)社会认知机制。

依据社会认知理论,个体活动由个体认知、行为及其所处的外部环境这三种因素共同决定的。个体可以通过观察他人的行为,通过注意、保留、重复和动机四个过程来间接学习。首先,悖论式领导凭借高领导支持,使员工获得情感的满足,产生对上下级关系的积极评价,增强领导认同。She 等(2020)的研究表明,悖论式领导通过增强员工的领导认同,可以改善和提升其工作绩效。其次,悖论式领导通过榜样示范和关注员工的差异,鼓励员工发掘自身特有的潜能,支持员工在观念和实践层面积极创新。Shao 等(2017)证实,相比于其他领导方式,悖论式领导更能够激发员工的创新自我效能,从而激发员工的创造力。Pan 等(2021)的研究表明,悖论式领导通过悖论思维和个体服务导向这两条路径提高员工的组织公民行为,同时悖论式领导还可以通过悖论思维和个体服务导向的链式中介效应提高员工的组织公民行为。最后,悖论式领导通过情境构建和问题阐释影响员工的态度和行为。侯少华和宋合义(2021)的研究表明,悖论式领导通过影响员工对自身工作特征和环境的整体认知,从而激发员工的促进型或防御型焦点来影响员工的工作重塑。Backhaus 等(2021)认为,悖论式领导通过减少员工的目标模糊和角色模糊感知来增加员工的工作满意度、工作投入和绩效感知。

(3)社会学习机制。

根据社会学习理论,个体的行为可以通过观察和学习获得,在此过程中榜样的力量是巨大的,它影响着行为的性质和表现方式。组织中悖论式领导往往扮演着双重角色,即角色模范和氛围营造者,借此向员工展示在工作中如何接受和容纳矛盾(Fang,2005)。这意味着悖论式领导一方面能够凭借悖论思维满足解决员工交相冲突的需求,借此激起员工的模仿行为,另一方面也营造了一种悖论式氛围。在此种氛围中,员工的悖论意识被激发,能灵活对待组织中持存的各类矛盾,从而促使员工实现自我突破,产生更多富有创造性的或亲社会的行为。Zhang 等(2015)的研究表明,悖论式领导行为会对员工的工作熟练性行为、适应性行为和主动性行为产生正向影响。罗瑾琏等(2015,2017)证实了悖论式领导通过增强团队活力、知识创造和知识整合这一中介机制促进团队创新。付正茂(2017)的研究表明,悖论式领导通过知识共享对双元创新能力和知识共享产生正向作用。Rescalvo-Martin 等(2021)通过研究发现,悖论式领导通过激发员工的自我改善和建言(组织改善)来提高员工的角色外服务程度。Zhang 等(2021)认为悖论式领导通过提升团队和员工的双元性促进团队创新和个体创新。陈海啸和关浩光(2021)的研究表明,悖论式领导通过提高员工的整体性思维水平促进员工的工作-家庭平衡。刘燕君等(2021)认为,悖论式领导通过让员工观察和模仿其兼顾多种目标的行为,提高员工的双元性,进而激发员工的创新行为。

(4) 社会交换机制。

社会交换理论主张,互惠互利是社会交换的灵魂,员工在感受到领导的高质量交换时,就会把回馈看作自己的义务。首先,悖论式领导在对待下属时既坚持一视同仁的原则,又适度允准员工的个性化行为,这有利于高质量沟通。一视同仁的原则会使领导者保持公正的形象,从而受到下属的积极评价,个性化关怀则会促进领导和下属交换关系的建立(Sparr,2018)。其次,通过领导成员交换,悖论式领导将自我中心和他人中心相结合的行为,会对员工行为产生积极的影响。领导者要保持主导权并起到示范作用,并由此使下属产生认同,就要坚持以自我为中心。领导者要使下属具有较强的安全感,就要以他者为中心,能够尊重、认可和支持下属,这有助于领导成员间建立互信交换关系。基于社会交换理论,金涛(2017)把领导成员交换关系(LMX)以及领导成员交换差异(DLMX)分别视作解释悖论式领导影响员工和团队创造力的内在机制。并且,这一假设通过98份领导数据和734份员工数据的配对结果得到有效证实。王朝晖(2018)的研究表明,悖论式领导通过员工的心理安全感这一中介机制对员工的双元行为产生正向影响。孙柯意和张博坚(2019)认为悖论式领导通过提高员工对领导的积极情感、建立良好的交换关系提高上下级关系认同,从而激发员工的变革支持行为。苏勇和雷霆(2018)发现悖论式领导通过与员工建立良好的情感关系激发员工的工作激情,进而提升员工的创造力。Franken等(2020)证实悖论式领导通过提高员工的组织支持感增强员工的韧性。

(5) 社会网络机制。

根据社会网络理论,在解释社会行为时社会网络系统应当被看成一个起作用的整体。员工之于组织,不是孤立的个体,而是嵌套在交互关联的网络体之中。社会网络对员工的工作态度和行为表现都会产生较大影响。悖论式领导既能充当角色模范,又能营造氛围,这有助于员工间的交流互动,有助于构建较强的网络关系。彭伟和李慧(2018)的研究表明,悖论式领导通过团队内部网络连带强度正向影响员工主动行为。彭伟和马越(2018)的研究表明,悖论式领导通过团队内部和外部网络连带强度增强团队创造力。彭伟等(2020)认为悖论式领导通过团队外部网络提升员工创造力。

(6) 其他中介机制。

此外,研究者还从其他视角探讨了悖论式对员工行为的影响机制。例如,基于资源保存视角,研究发现悖论式领导一方面通过增加员工的工作活力来激发员工更多的适应性绩效,另一方面通过增加员工的角色压力而对员工的适应性绩效产生负向作用(李锡元和夏艺熙,2021)。Jia 等(2021)从计划行为理论视角,验证了悖论式领导通过差错管理文化、和谐创新激情和角色宽度自我效能感提高员工的创新行为。李金生和时代(2021)从团队行为视角出发,证实了悖论式领导通过团队学习行为对团队创新绩效产生正向影响。研究者从社会信息加工视角,研究探讨了悖论式领导通过心理安全感促进员工的越轨创新和建言行为(李锡元等,2018;陈慧和杨宁,2021)。

2.1.5 悖论式领导行为的影响结果研究

(1)组织层面。

已有研究表明,悖论式领导会影响组织的绩效、创造力和竞争优势等。Amason(2017)关注高层管理团队如何凭借复杂性认知和情感张力影响组织绩效。Zhang 和 Han(2019)的研究证实了悖论式领导会对企业的研发投入、市场份额和声誉产生积极影响,但是对企业利润增长的影响不显著,这一研究结果在一定程度上证实了悖论式领导对企业绩效的积极作用。Knight 和 Harvey(2015)主张凭借对悖论式需求的平衡管理,领导者能有效地唤起组织创造力。Heracleous 和 Wirtz(2014)调研新加坡航空公司,结果表明不执着于某一方而平衡对立并保持悖论的张力,是该公司拥有竞争优势的重要因素之一。Fredberg(2014)关注 CEO 的悖论相关性和解决冲突的策略,证实能否有效解决悖论直接影响着组织的竞争优势。

(2)团队层面。

Andriopoulos 和 Lewis(2009)的研究表明,通过差异化策略和对差异的整合协同并举,能够有效地提升团队的竞争力。罗瑾琏等(2015,2017)和 Gebert 等(2010)的研究都证实了悖论式领导有助于促进团队创新。前者从实证的层面检验了悖论式领导影响团队创新;后者着重探讨了如何协调相互冲突的行动策略,使双方不因对立而抵消,并由此提升团队创新水平。悖论式领导对培育团队精神亦有重要作用,Silva(2014)的研究表明,团队精神往往依赖如下悖论:冲突型悖论、结果型悖论、利他和利己悖论、关系型悖论。依据间断平衡模型,Garg(2016)主张悖论式领导可进行四类再定位:商谈再定位、温和再定位、希望再定位、混沌再定位,由此促使团队更加努力。Ren 和 Zhu(2020)从角色理论的角度证实了悖论式领导可以通过团队协调提升团队创新水平。Zhang 等(2021)的研究结果表明,悖论式领导通过个体双元性对团队成员个体创新产生正向的间接影响,并通过团队双元性对团队创新产生正向的间接影响。领导愿景强化了悖论式领导对团队与个体双元性和创新成果的影响。李金生和时代(2021)从团队行为视角出发,发现悖论式领导通过失败学习对团队创新绩效产生影响。彭伟和马越(2018)证实了悖论式领导通过团队内外部网络连带强度提升团队创造力。

(3) 个体层面。

工作行为:凭借自身有关悖论的认知和应对,悖论式领导可以由之影响员工的主动性行为、双元行为、建言行为等。

①主动性行为。Zhang 等(2015)的研究实证悖论式领导行为对下属的工作熟练性行为、适应性行为和主动性行为均存在正向作用。彭伟和李慧(2018)发现,通过团队内部网络连带强度,悖论式领导能够对员工的主动行为产生积极作用。Franken 等(2020)的研究表明,悖论式领导通过组织支持感对员工韧性产生正向影响。Kim(2021)证实悖论式领导通过心理安全感影响员工的主动性工作行为。侯少华和宋合义(2021)的研究表明悖论式领导正向影响员工的工作重塑,并且这一关系受员工调节焦点的中介和工作复杂性的影响。

②双元行为。Klonek 等(2021)发现悖论式领导可以直接影响员工的双元性。曹萍和张剑(2021)基于组织二元性理论,发现悖论式领导与双元创新显著正相关。

③建言行为。李锡元等(2018)的研究表明,悖论式领导通过心理安全感对员工的促进型和抑制型建言行为产生正向的促进作用。Xiao 等(2021)基于 235 名中国员工的样本数据,发现悖论式领导与员工内部地位感知和基于组织的自尊呈正相关,而这反过来又与员工建言行为呈正相关。此外,悖论式领导仅对主动性人格较低的员工有正向影响。

④创造力及创新行为。一方面,悖论式领导对员工的创造力或创新行为有促进作用。例如,Ishaq 等(2021)证实悖论式领导可以影响员工的角色内行为和创新行为。Ren 和 Zhu(2020)从角色理论的角度证实了悖论式领导通过角色投入促进员工创新。刘燕君等(2021)通过 279 份领导员工配对数据分析,发现悖论式领导对员工创新行为有显著的正向作用。有研究还发现悖论式领导通过团队外部网络、工作激情对员工创造力产生积极影响(孙勇等,2018;彭伟等,2020)。另一方面,Shao 等(2019)基于悖论理论和社会认知理论,发现悖论式领导通过创新自我效能感对员工的创造力产生影响,而这一过程受到工作压力和综合复杂性的影响。在工作压力较高的情况下,当员工的综合复杂性较高时,悖论式领导对创造力有促进作用,而当员工的综合复杂性较低时,悖论式领导则对

创造力有阻碍作用。另外,有研究发现,悖论式领导对员工的越轨创新存在正向影响(陈慧等,2021)。

⑤工作投入。Alfes 和 Langner(2017)的研究表明,非营利组织的领导者可以通过一些对立项之间的平衡促进志愿者的工作投入,比如信任和监督、参与和集权、指导和柔性等之间的平衡。Backhaus 等(2021)的研究证实了悖论式领导通过减少员工的目标模糊和角色模糊感知对员工的工作投入、工作满意度和绩效感知产生影响。研究发现,悖论式领导通过目标清晰性、工作自主性、心理授权和主动性人格影响员工的工作投入(Huertas et al.,2019;Furstenberg et al.,2021;Moreno et al.,2021;杨柳,2019)。

⑥组织公民行为。基于社会认知理论和计划行为理论,Pan 等(2021)的研究表明,悖论式领导通过悖论思维和个体服务导向这两条路径影响员工的组织公民行为,同时悖论式领导还可以通过悖论思维和个体服务导向的链式中介效应影响员工的组织公民行为。Meng 等(2021)基于归因理论证实了悖论式领导通过工作压力感知影响员工的组织公民行为。牛晨晨等(2021)基于 45 名领导和 253 名员工的配对数据分析,发现悖论式领导对员工环保组织公民行为存在显著的正向作用。

⑦工作绩效。She 等(2020)基于社会认同理论,发现悖论式领导通过领导认同对员工服务绩效产生影响,这一过程受到员工认知闭合需求的调节。李锡元和夏艺熙(2021)通过对 68 名领导和 263 名下属的配对数据分析,发现悖论式领导对员工适应性绩效存在双刃剑效应,工作活力在二者之间起正向中介作用,而角色压力则在二者之间起负向中介作用。同时,与角色宽度自我效能感低的员工相比,角色宽度自我效能感高的员工能够通过悖论式领导产生更多的工作活力和更少的角色压力,从而最终产生更高的适应性绩效。

2.1.6 悖论式领导影响的边界条件

(1)个体因素变量。

通过文献梳理发现,员工的思维方式、人格特质、认知结构等都会对悖论式领导的有效性产生影响。

①思维方式。彭伟等(2020)发现,员工的中庸思维水平会增强悖论式领导通过团队外部网络对员工创造力的间接效应。刘燕君等(2021)发现,员工悖论思维不仅对悖论式领导与个体双元性之间的关系起强化作用,还进一步对悖论式领导通过个体双元性对创新行为的间接效应起强化作用。陈海啸和关浩光

(2021)发现,具有矛盾思维的员工更能适应悖论式领导,从而能够更好地促进工作与家庭之间的平衡。

②人格特质。苏勇和雷霆(2018)的研究表明,悖论式领导通过工作激情对员工创造力的间接影响,会受到员工自我监控人格的正强化。孙柯意和张博坚(2019)发现,员工特质正念能够正向调节悖论式领导与员工关系认同之间的关系,并能够显著增强悖论式领导通过员工关系认同对员工变革支持行为的间接影响。

③认知结构。李锡元等(2018)的研究发现,员工的调节焦点能够对悖论式领导的有效性产生影响。高促进焦点的员工能够显著增强悖论式领导通过心理安全感对建言行为的间接影响,反之,高防御焦点的员工能够弱化悖论式领导通过心理安全感对建言行为的间接影响。She 和 Li(2017)引入认知闭合需求作为调节变量,发现当员工认知闭合需求水平较低时,悖论式领导对下属关系认同的影响作用将更强。

④其他因素。员工的心理安全感、角色认同、角色宽度自我效能感、心理资本等也会对悖论式领导的有效性产生影响。Yang 等(2019)发现,心理安全感会增强悖论式领导通过工作繁荣感对员工创造力的间接影响。褚昊和黄宁宁(2020)的研究表明,员工的角色认同会弱化悖论式领导对和谐型工作激情的积极作用,但会强化悖论式领导对强迫型工作激情的消极作用。李锡元和夏艺熙(2021)发现,角色宽度自我效能感更高的员工在悖论式领导下能产生更多的工作活力和更少的角色压力,从而有更高的适应性绩效。Ishaq 等(2021)发现追随者的心理资本会调节悖论式领导与角色内绩效的关系,当追随者的心理资本高时,悖论式领导与角色内绩效的关系更强。

(2)团队因素和组织情境因素变量。

①团队因素。罗瑾琏等(2017)引入了团队任务互依性和团队认知灵活性,发现团队任务互依性对悖论式领导与团队创新之间的关系具有显著正向调节作用;团队认知灵活性对悖论式领导与团队创新之间的关系具有显著正向调节作用。陈慧和杨宁(2021)发现,领导能力可信性会增强悖论式领导通过心理安全感对员工越轨创新的间接作用,即领导能力可信性越高,这一中介作用越强。Zhang 等(2021)发现,领导愿景能够强化悖论式领导通过团队双元性对团队创新的间接作用,同时也能够强化悖论式领导通过个体双元性对个体创新的间接作用。

②组织情境因素。罗瑾琏等(2015)发现,环境动态性会正向调节悖论式领

导通过纸质创造和知识整合对团队创新的间接作用,外部环境动态性越高,悖论式领导对团队创新的作用就越强。技术动荡性会弱化悖论式领导通过失败学习对团队创新绩效的间接效应。牛晨晨等(2021)发现,组织支持感会强化悖论式领导通过企业社会责任对环境组织公民行为的间接效应。杨柳(2019)发现,工作复杂性会正向调节悖论型领导对员工心理授权的影响,并且也会增强悖论型领导通过心理授权对工作投入的间接影响。侯昭华和宋合义(2021)发现,工作复杂性能够强化悖论式领导对员工促进型调节焦点的激发作用,同时能够弱化悖论式领导对员工防御型调节焦点的抑制作用,并能够进一步强化促进型调节焦点在悖论式领导与员工工作重塑间的中介作用。Shao等(2019)发现,当工作压力和综合复杂性均较高时,悖论式领导对员工创造力的提升最为有效。然而,当工作压力较低时,或当工作压力较高而综合复杂性较低时,悖论式领导对提高创新自我效能感和创造力的效果较差。

2.1.7 悖论式领导研究述评

对学界既有文献的梳理表明,管理学最初对悖论式领导的关注主要在组织和战略领域。悖论式领导受到学界广泛的关注,是近十年才发生的事情,并且取得了丰硕的成果(见图2-1)。但是,鉴于问题自身的前沿性、边缘性和复杂性,目前学界关于悖论式的研究,在诸多方面还未能达成共识,更未能形成一个被广泛接受的研究体系。本文主张以下几个方面应成为以后研究的重点。

(1)悖论式领导的影响效应研究。既有研究对悖论式领导的影响效应有一定程度的关注,如组织层面的绩效、创造力和竞争优势等,团队层面的团队创新、团队创造力等,个体层面的工作绩效和工作行为等,但是还有一些其他方面的影响亟待考察。比如,与其他领导方式相比,悖论式领导的独特效应是什么?悖论式领导是通过相悖的领导行为来应对组织面临的各种各样的悖论问题。依据角色理论,组织中的个体在工作中扮演着不同的角色,并通过互动心理过程形成角色期望。根据现有研究,角色内工作绩效和创新是相互矛盾的两个方面(Bledow et al.,2009),因此,悖论式领导如何作为角色榜样向员工展示在复杂的环境中应对悖论的方式,从而使员工加以模仿并由此提升工作绩效和创新能力?

此外,现有研究所关注的大多是悖论式领导的积极影响,这意味着在现实的管理活动中悖论式的领导风格具有一定程度的建设性。然而,事物往往有两面性,悖论式的领导风格更是如此。相较于其他领导风格,悖论式领导显得抽象且

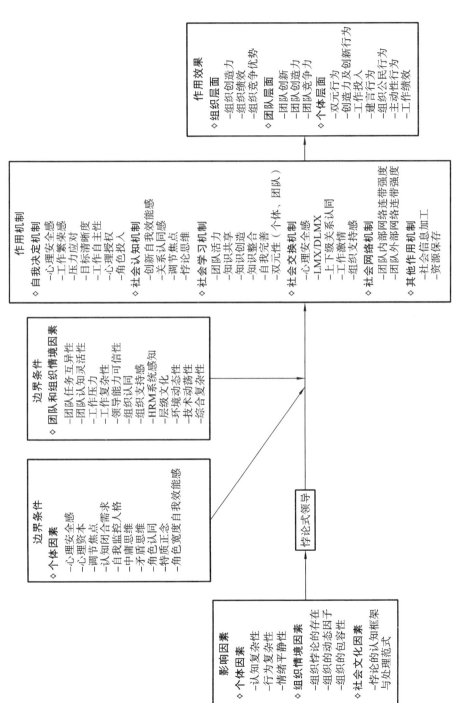

图 2-1 悖论式领导的影响因素、作用机制、作用效果及边界条件

难以预测,需要一些特定的自身能力才能驾驭。因此,如果领导自身不具有悖论特质,或者由于受特定社会文化的影响员工不喜欢这种领导方式,那么它的负面效应就会突显出来。依据工作要求-资源模型(JD-R 模型),工作既给员工带来损耗,又带来增益,假如工作强度持续走高而并未有相应的资源作为弥补,员工就会因单方面的消耗而变得倦怠,从而对组织产生消极后果。在某些情况下,悖论式领导不仅会造成领导者自身认知资源的消耗,增加其心理负担,同时也有可能将这种负担传递给下属,增加下属的压力。如果此时没有丰富的工作资源加以补偿,就会导致领导者和员工过度劳作,从而产生倦怠情绪,造成消极后果。

(2)悖论式领导的作用机制研究。研究者们当前对悖论式领导作用机制的考察主要聚焦于自我决定机制、社会认知机制、社会学习机制和社会交换机制等。比如,通过自我决定机制,悖论式领导在保有决策控制权的基础上能容许下属的自主性,由此通过激发下属的自主性和能动性提高员工的绩效和创新水平。通过社会学习机制,悖论式领导以榜样示范和关注员工的差异等手段,鼓励员工发掘自身特有的潜能,从而积极投入创新工作当中。然而,这些研究并没有阐明相较于其他领导方式而言,悖论式领导作用机制的独特性和优越性究竟是什么。

(3)悖论式领导的边界条件研究。通过文献梳理发现,研究者们已分别从个体、团队和组织因素三方面检验了悖论式领导有效性的边界条件。然而,随着研究的推进,人们发现需要进一步探讨悖论式领导在何时何境可以有效发挥作用。已有研究指出,个体身处与自己爱好、价值观和其他特质相一致的场所时,会更加积极活跃(Milliman et al.,2017)。所以,如果领导与下属的悖论思维处在同等水平,则有利于他们协调一致,从而有助于彼此在一些存在冲突或具有一定张力性的问题上达成共识。在此情况下,下属就会有信心预测领导的行为,并做出积极的应对,从而有效地提升工作产出。相反,假如领导与下属的悖论思维完全不在同一个层次,那么下属就无法确切把握领导的意图,无法理解领导的行为,从而造成资源的无用消耗,降低工作产出。

2.2　员工绩效文献综述

2.2.1　员工绩效的概念内涵

研究者们对员工绩效这一概念的界定,具体可以从以下三个视角来进行梳理。第一,结果导向的绩效观,持这种观点的学者认为,员工绩效指的是在一定时间内,特定的活动和行为所产生的结果(Bernardin & Beatty,1984)。第二,行为导向的绩效观,持这种观点的学者认为绩效是行为,应该与结果分开。如Campbell等(1993)将员工绩效定义为为了完成组织目标而产生的行为。第三,综合的绩效观,持这种观点的学者认为,员工绩效是集行为和结果的综合体,包括为了实现工作目标或组织目标而产生的行为和结果(Borman & Motowidlo,1993)。

这三种观点分别从不同的视角来界定员工绩效,对全面、系统地认识员工绩效有重要影响。梳理现有文献发现,员工绩效主要包括任务绩效、关系绩效、学习绩效和创新绩效四个维度(韩翼等,2007)。任务绩效是指个体为了完成角色要求和职责范围内的工作任务而展现的一系列行为(Borman & Motowidlo,1993)。关系绩效指的是个体为完成组织目标而自愿提供的包括组织公民行为、亲组织行为、角色外行为等的支持性绩效行为(Borman & Motowidlo,1993)。学习绩效指的是个体为了实现组织目标,而积极向他人学习,改变自我认知的行为(韩翼等,2007)。创新绩效是指个体在工作过程中产生新颖而有用的想法并付诸实践的行为(Zhou & Hoever,2014)。

基于上述文献梳理和本文研究主题,本研究重点关注员工的任务绩效和创新绩效。

2.2.2 员工绩效的测量

依据研究主题,本研究重点对员工绩效中的任务绩效和创新绩效这两个维度的测量工具和测量方式进行了梳理。通过梳理发现,员工绩效的测量主要是通过直接上司进行评价的。

就任务绩效而言,其测量的研究成果众多。Williams 和 Anderson(1991)开发了基于上级评价的 6 个题项的量表;Van Dyne 和 Le Pine(1998)开发了 4 个题项的量表对任务绩效进行测量;Farh 等(1999)从员工的工作质量、工作效率和工作目标的完成量三个方面编制了量表,该量表应用较为广泛,舒睿和梁建(2015)翻译了该量表,发现该量表在中国情境下也具有较高的信效度;Gong 等(2009)开发了 4 题项量表,通过上级对该下属与其他下属的表现相比较来评价员工任务绩效的水平。

就创新绩效而言,其测量主要借鉴了创造力领域的研究成果,其中使用较为广泛的是 Zhou 和 George(2001)开发的 13 个题项的量表。Farmer 等(2003)通过选取创造力的4个题项来测量创新绩效。此外,Zhang等(2010)从创新的质量和速度两个方面来测量创新绩效。这些量表在中国情境下均具有较好的外部效度。

2.2.3 员工绩效的影响因素研究

(1)个体因素。

通过梳理文献发现,个人的人格特质、工作态度、自身具备的知识和能力、职场社会关系等都会对员工绩效产生影响。具体而言,Smith等(2016)的研究证实了自恋型人格和心理变态等人格特质对员工的任务绩效有负向的预测作用。Chi等(2015)通过实验研究证实了日常的负面情绪对员工的日常任务绩效有负向的预测作用。Miao等(2021)通过元分析发现,酒店工作人员的情绪智力与工作绩效呈正相关关系,并且当已婚人员的占比较低时,情绪智力与员工绩效之间的关系更强。Ma等(2020)基于工作动机理论,探讨在授权领导和自我角色清晰的边界条件下,资质过剩感通过工作投入对员工任务绩效和主动行为的积极影响。吴志明等(2013)基于调节焦点理论,证实了员工的防御型聚焦正向预测员工的任务绩效,而促进型聚焦则负向预测员工的情境绩效。徐洋洋和林新奇(2021)基于616份两阶段的问卷调查数据发现,职场孤独感负向预测员工绩效,并且通过工作倦怠负向影响员工绩效。

(2)工作特征因素。

梳理文献发现,任务复杂性、工作压力、高绩效工作实践等与工作相关的因素,都会对员工绩效产生影响。Liu等(2013)的研究发现,工作特征因素通过提升员工的工作动机来提高员工的工作绩效,而这些工作特征因素包括任务复杂性、时间压力、高责任感等挑战性压力。同样,Hofmans等(2015)通过日记研究法发现,工作压力与员工任务的关系是"倒U"形的,即当工作压力处于较低水平时,随着工作压力的增加,员工的任务绩效随之增加,达到某个临界点后,随着工作压力的增加,员工的任务绩效则会减少。Nasurdin等(2020)通过对马来西亚大型民营医院639名护士的调查发现,高绩效工作实践(参与性、培训性和报酬性)通过工作满意度的中介作用对护士的任务绩效和情境绩效产生影响。

(3)组织情境因素。

组织情境因素主要包括领导风格、组织氛围、组织环境等。元分析和个体研究都发现,变革型领导对员工任务绩效存在积极的影响作用(Banks et al.,2016;Dvir et al.,2002;Gong et al.,2009;Wang et al.,2011;Han et al.,2020)。

基于社会交换理论，Lin 等(2020)发现尽责型领导通过工作投入和主动性帮助的中介作用对工作绩效产生影响。Magnier-Watanabe 等(2020)发现组织美德对员工绩效有积极的作用。Yu 和 Frenkel(2013)的研究表明，组织支持感通过责任感、工作单元认知和职业成功期望的中介作用正向预测员工的任务绩效。屠兴勇等(2017)的研究表明，组织信任氛围正向预测员工角色内绩效。Imran 等(2021)基于自我控制视角，发现职场排斥对员工绩效存在负向影响。宋一晓等(2021)通过两阶段问卷调查的研究发现，动态工作环境能够正向预测员工的任务绩效，并且动态工作环境能够通过任务重塑正向预测员工的任务绩效。

2.2.4 员工绩效研究述评

综上所述，目前对员工绩效的研究当中，员工绩效的概念内涵、结构维度和影响因素是研究者们主要关注的问题，也取得了丰硕的成果，这为员工绩效的理论发展和管理实践奠定了良好的基础。然而，通过文献梳理发现，现有研究仍然存在很多尚待改进的地方。本文认为未来的研究可以从以下几个方面入手。

第一，员工绩效的概念内涵。尽管学者已从结果导向、行为导向以及行为结果综合体三个视角对员工绩效的概念内涵进行了关注，也有一定的合理之处，但是员工绩效的概念内涵还有待学者的进一步发掘。

第二，员工绩效的测量。由于学者们对于员工绩效的结构在认知上存在一定的分歧，如 Borman 和 Motowidlo(1993)认为工作绩效包括任务绩效和关系绩效；Hesketh 和 Neal(1999)提出工作绩效应该包含任务绩效、关系绩效和适应性绩效三个维度；而 London 和 Mone(2004)则在 Hesketh 和 Neal 三个维度的基础上新增了学习绩效这一维度；Pulakos 等(2000)则认为应将创新绩效加入员工绩效当中；国内学者韩翼(2008)则认为员工绩效应该包括任务绩效、关系绩效、学习绩效和创新绩效四个维度。上述对于员工绩效结构的不一致认知导致了员工绩效在评测方式上有很大的差异性。因此，不同的评测方式是否稳定，是否具有普遍性，还有待进一步研究。

第三，员工绩效的影响因素。目前学者们对员工绩效影响因素的研究主要集中在个体因素、工作特征因素和组织情境因素三个方面。然而不同的绩效维度可能是不同的原因引起的，因此这些因素对员工绩效的影响机制也是不同的。未来需要更精细化的研究来探讨员工绩效的影响因素及其内在影响机理。

3 理论基础及模型构建

通过前一章的文献综述发现,悖论式领导和员工绩效(任务绩效和创新绩效)之间的作用机制还有待进一步解决,即悖论式领导能否同时对员工的任务绩效和创新绩效产生正向影响?悖论式领导通过哪些作用机制影响员工任务绩效和创新绩效?为了解答上述疑问,本研究引入意义建构理论,从创新角色认同、角色自主性和角色冲突这三种角色认知出发,构建悖论式领导对员工任务绩效和创新绩效的积极影响机制。

3.1 理论基础

3.1.1 意义建构理论的相关概念

(1)意义建构的概念。

目前,关于意义建构(sensemaking)的概念,研究者们还没有达成共识。他们从不同的视角给出了意义建构的定义。通过梳理发现,这些定义上的差异体现在意义建构是发生在个体内部还是个体之间。一些学者将意义建构定义为一种更具认知性的过程,侧重于评价和解释,它被描述为发展框架、图示或心智模型。例如,Gephart(1993)将意义建构定义为建构和解释世界的话语过程。Hill和Levenhagen(1995)用人们如何发展关于环境的视觉或心智模型来描述意义建构。Elsbach等(2005)则明确地将意义建构与环境认知联系起来,并描述了意义建构的认知过程是如何将现有的图示和组织情境联系起来的。与此相反,另一些学者则认为意义建构是人与人之间发生的一种社会过程,因为意义是经过协商、争论相互构建的。例如,Weick等(2005)阐述了意义建构是在其他行动者的社会背景下展开的。Maitlis(2005)将组织意义建构描述为一种基本的社会过程。在这个过程中,组织成员通过彼此的互动来解释他们所处的环境,并构建允许他们理解世界和集体行动的账户。

通过上述定义可以得出,意义建构理论的基本思想是:意义的建构是一个持续的过程。在这个过程中,首先,个体必须注意到某事件;其次,这个事件对个体而言意味着什么;最后,个体共同创造出来的关于这些事件的意义如何影响当前和未来的行动。所以,意义建构过程包含两个方面:建构(constructing)和解读(reading)。意义建构既要清楚地提出关于现实事件的问题,也要从现实的纷繁复杂中给出这些问题清晰的答案。

(2)意义给赋(sensegiving)。

意义给赋是指试图影响他人的意义建构和意义生成,以重新定义组织现实的过程(Gioia & Chittipeddi,1991)。意义给赋通常是组织领导者或管理者通过使用符号、图像和其他影响技术,来影响组织成员的意义建构。通常而言,意义给赋不是一个简单的自上而下的过程,那些接受意义给赋的个体对组织情境会有自己的理解和解释。

(3)意义打破(sensebreaking)。

意义打破被定义为"意义的打破或破坏"(Pratt,2000)。意义打破通常是意义给赋的前奏,组织领导者用新的意义来填补通过意义打破而导致的意义空白。意义打破可以激励人们重新考虑已有的意义,质疑他们的基本假设,并重新审视他们的行动方针(Lawrence & Maitlis,2014)。

3.1.2　意义建构的特征

(1)意义建构以身份的建构为基础(grounded in identity construction)。

一般来说,意义建构是一个以自我为中心的过程(Gray et al.,1985)。在这个过程中,个体关注:①我需要注意什么?②一旦我注意到它,这个线索对我意味着什么?③我能期待什么,接下来会发生什么?④我现在该怎么办?⑤我该怎么做……

根据符号互动主义者的观点,一个人的自我概念是在社会互动中发展的,并依赖于他人的反应(Mead,1934)。个体的身份是通过一系列与他人的相互作用产生的。个体在每一次互动中都对自己有不同的定义,并且在不同情境下都会对自我进行重新定义。个体对周围环境的看法不同,对自我形象的定义也会改变。

意义建构是建立在保持个体身份需求的基础之上的。个体对自我身份有三种基本的需求:①自我提升需求,体现在寻求和保持一种积极的自我认知和情感状态;②自我效能感需求,即个体对自我能力和效能的感知需求;③自我一致性需求,即感觉和体验到连贯性和连续性的需求(Erez & Early,1993)。从这一点来讲,意义建构的目的是个体能够保持积极和一致的自我形象。因此,意义建构是一个自我参照的过程,个体在看到别人做什么时,对自我是谁的再界定。也就是说,个体的身份是一个相对的概念,随着参照物的变化而变化,个体需要根据特定的情境来确定自我的合适身份。例如,组织环境的变化可能促使领导者调整自己在组织中的角色,以此来适应组织环境的需求。

通过上述论述可知,个体的自我身份和组织身份是共同建构的,在事件发生时就被赋予了意义。

(2)意义建构是回顾性的(retrospective)。

意义建构是一个回顾的过程,即个体所感知到的现实是已经发生的现实。个体通过后推的方式来理解所发生的事情。因此,回顾的目的是帮助个体了解特定的情况,然后进行适当的行动。当个体赋予某一事件意义时,他们要么为该事件建构一个解释或一个历史,以便能够解释它,并将其内化到自己的价值观中。并且,个体对于事件的意义建构受其所处情境及个体所注意的事件的影响。例如,组织中发生某一事件,组织成员注意到这种变化和不确定性,并对这些变化和不确定性做出合理的解释,然后继续行动。由于组织成员的能力、地位、目标以及认知框架等存在差异,他们建构的意义也不尽相同。

(3)意义建构生成于感知到的环境(enactive of sensible environments)。

个体的行动会创造他们所处的环境,而这种创造活动又影响个体的意义建构和行动。在意义建构过程中,个体对情境的反应塑造了新的情境,而新的情境反过来又会约束个体的行为。

(4)意义建构是社会性的(social)。

虽然意义建构看起来像是一个个体过程,但它实际上一开始就是一个社会过程。意义建构假设知识和信念是通过与他人的互动产生的,并在个体与他人分享这些知识和信念时发生改变。因此,意义建构是一个连续的、迭代的、反身的过程。

意义建构被认为是一个社会过程,因为个体的行为是他人行为的主体,无论这些行为是实际存在的,还是仅仅是个体感知到的。意义建构是为了形成主体间共享的意义系统。这个意义系统是组织成员共同书写的,便于他们能够理解自己身处的组织环境并采取集体行动(Weick & Roberts,1993)。

(5)意义建构是一个持续的过程(ongoing)。

意义建构没有明确的开始和结束,是一个连续的社会过程。沟通是一种持续的意义建构过程,在这个过程中,个体将意义归因于周围的环境和影响他们的线索(Weick et al.,2005)。相互关联的经验驱使个体不断地根据现在重新评估他们过去收集的经验,进而促使个体采取行动,并提供给个体进一步进行意义建构活动和行动的线索。以此,个体不断地在与情境、线索、他人和行动相关的意义建构中循环前进。

(6)意义建构是对线索的注意和提取(focusing on and by extracted cues)。

意义建构不单是对线索的解释。如果线索没有被注意到,那么它就没有任何意义。个体通过过滤、分组和比较,从一系列相互关联的线索中注意并挑选出某个线索。个体注意到什么线索取决于个体所处的环境或情境。具体而言,环境或情境会影响个体注意到哪些信息,并且传达了对解释产生影响的规范和期望。

(7)意义建构由可信性而非精确性驱动(driven by plausibility rather accuracy)。

意义建构的回顾性特征决定了个体在回忆和解释事件时不可能做到完全精确。回顾过去的经验是一种重建,它使精确性更加难以获得。个体永远不可能准确地回忆起事件发生的方式(Weick,1995;Weick et al.,2005)。个体将特定的线索与一般的类别联系起来,并根据他们过去的经验发展这些线索(Weick,1995)。对于每一项活动,个体都有一些可能的想法和经验,可以给特定的线索赋予意义。

3.1.3　意义建构的过程

(1)扫描(scanning)。

扫描涉及信息收集,它通常被认为是解释和行动的先决条件(Daft & Weick,1984;Hambrick,1982)。扫描包括组织内部与外部环境搜索,外部环境搜索用以确定可能影响组织的重要事件或问题(Daft & Weick,1984;Kiesler & Sproull,1982;Milliken,1990),内部环境搜索则用以确定可能影响组织绩效的重要因素(Cowan,1986)。

(2)解释(interpretation)。

解释涉及理解信息的含义,并将信息适当地纳入理解的心理结构中(Gioia,1986;Taylor & Crocker,1981)。解释通常被视为是一种个体层次的过程,在这个过程中,个体关注并赋予新传入信息有意义的标签(Smart & Vertinsky,1984;Taylor & Fiske,1978)。这种标签启动了一个分类过程,其将会影响决策者随后的认知和动机(Dutton & Jackson,1987)。如果将组织本身视为一个解释系统,那么一个组织的不同领域和不同层次均可参与到与意义建构有关的扫描活动中。

(3)行动(action)。

如果意义建构的第一个问题是"这里发生了什么",那么第二个问题就是"接下来我该做什么"。意义建构的第二个问题直接与行动有关。采取行动意味着在一定程度上推动组织变革(Dutton & Jackson,1987)。有效的组织行动往往取决于执行决策的能力,这些决策是基于对组织相关信息的扫描以及随后对这些信息的解释。Whetten(1988)以及 Ranson 等(1980)认为,管理者对环境的解释和企业行动之间的关联非常重要。组织采取的行动,可能是一些小的变化,如程序的改变;也可能是一些大规模的变化,如产品、服务的变化,总体战略的修订或者组织结构的重新设计(Dutton & Jackson,1987)。

(4)结果(performance)。

结果是指成功的意义建构带来的组织绩效的变化,特别是绩效的改善。

3.1.4　组织变革中的意义建构与意义给赋

意义建构是由一系列线索触发的,比如意义模糊或结果不确定的问题、事件或情境。这样的事件一旦被注意到,就会扰乱人们对事件的理解,并对如何行动产生不确定性(Maitlis & Christianson,2014)。这种情况通常发生在预期和现实存在差异时,可能是意外事件,如工人大罢工;也可能是预期事件没有发生,如组织违背其对员工的承诺。

现有的关于组织意义建构的研究已经探索了不同情境,这些情境包括环境冲击和组织危机、组织身份威胁、有计划的组织变革倡议。以组织变革情境为例,尽管每个组织成员基于以往的经验、个人特质和变革结果(Oreg et al. 2011;Wisse & Sleebos 2015),都会有自己特殊的关注点,但是组织变革往往会引发员工的共同担忧。这些担忧在组织变革的不同阶段会唤起不同的意义建构需求,进而影响到领导者,因为他们试图通过意义给赋影响员工的意义建构。图 3-1 展示了在变革的每个阶段,员工意义建构需求和领导者意义给赋模式的类别系统。

在变革的开发阶段,员工的主要意义建构需求是寻求安慰。由于谣言传播的矛盾性和员工对看似不安全未来的担忧,员工通常会感受到不确定性。为了重新获得稳定和自信,员工需要从领导者那里获得安慰,以消除他们的疑虑。

领导者可以通过处理员工之间的话语满足员工安慰的需求。首先是要了解

3 理论基础及模型构建

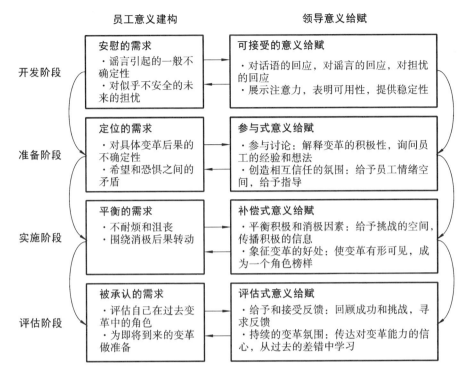

图 3-1 变革四个阶段的员工意义建构需求和领导意义给赋需求模型

(资料来源：Kraft, Sparr, & Peus, 2018)

谣言的来源，其次是要了解员工的担忧。针对谣言，领导者可以了解员工之间传播的信息趣闻，以及员工如何收集到这些信息并进行意义建构的。领导者可以为这些正在进行的讨论找到合理的解释。解决谣言问题可以让员工远离过度的恐惧，将讨论带入一个更理性的层面。

领导者也可以通过关注员工来表达安慰。一方面，领导者向员工表明他们对组织的必不可少性。另一方面，为了解决员工对安全感的需求，领导者可以给予员工安全感，如给气馁的人以勇气等。

在变革的准备阶段，员工主要的意义建构需求是理解组织变革的意义。当员工接收到更多关于变革计划的信息时，在探索阶段所经历的关注点就会具体化。员工关心的是变革对自己的潜在影响，即这种变革对员工来说意味着什么。员工在希望好转和担心恶化之间左右为难。员工试图评估即将到来的变革是有益的还是有害的。为了将这种内在冲突转化为变革准备，员工需要领导者来引导他们。

应对员工的定位需求，首先，领导者一方面需要与员工讨论并解释变革的积极性,向员工展示变革对其有什么利好机会,变革对组织来说意味着什么。另一方面需要询问员工的经验和想法。对于员工来说,能够在一定程度上为变革作贡献并塑造变革情境是产生变革意义的途径之一。其次,这一阶段的特点是员工高度激活的情绪,员工可能通过情绪来定义自己。因此领导者可以通过给予员工情绪空间显示参与性意义给赋。另外,为了在讨论中开诚布公,员工需要得到上级的支持。领导者扮演指导员的角色,在员工寻求意义的过程中提供指导和定位。

在变革的实施阶段,员工主要关注消极变革后果的风险。这一阶段员工的特点往往是缺乏耐心和充满沮丧,主要关注变革的消极结果,而忽视积极结果。因此,员工主要的意义建构需求是平衡,协调检查变革的积极和消极方面。

领导者这一阶段的模式主要是补偿式意义给赋。首先,要平衡变革的积极和消极方面,即为问题和挑战提供空间,并且传播积极的信息。具体而言,领导者需要解决员工遇到的问题和挑战,并对其持开放的态度。此外,领导者需要传播积极的信息,强调变革带来的机会和可能性,重点应该防止讨论和对话被负面话题所主导。其次,领导者需要使变革有形可见。如果员工能够真正体验到这种变革,他们就会对变革感兴趣。领导者还可以通过保持言行一致,成为员工的榜样,来取得员工的信任。

在变革的评估阶段,员工主要的意义建构需求是被认可。员工不是要评估变革的结果,更重要的是弄清楚自己在变革中的角色。如果员工在变革中对自己的角色不满,他们更倾向于消极的变革评估。相比之下,如果他们意识到并承认自己的贡献,评估则可以增加员工对自身变革能力的信心。除了已经实施的变革,员工的意义建构也围绕着即将到来的变革。这通常又会回到变革的第一阶段。

评估阶段的意义给赋是给予反馈和接受反馈。首先,领导者可以通过回顾变革,如变革最大的成功和最大的损失,使员工对变革结果有一个共同的理解。领导者也可以让员工参与评估,以此激活他们的意义建构。其次,领导者可以通过维持变革氛围传递意义给赋。具体而言,领导者可以传达对员工变革能力的信心,如赞扬员工在变革中取得的成就,或者按照员工的期望给他们分配更多的责任;另外,也可以强调从差错中学习,与员工一起进步。

3.2 整体研究模型

本研究以意义建构理论为基础确定整体理论框架。在意义建构理论的基础上,本研究发展出了"环境扫描(领导风格)—解释信息(角色认知)—采取行动(反应)—行动结果(绩效)"的个体角色意义建构路径(见图3-2),即悖论式领导作为一种情境因素,对员工绩效的影响可以从三种角色认知进行解释,即创新角色认同、角色自主性和角色冲突。

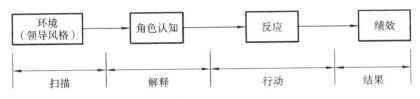

图 3-2 研究的整体思维逻辑

(1)扫描(scanning)。

环境扫描涉及信息收集,包括个体对组织内外部环境的信息搜索,并通过这些信息来解读组织所处的环境。通过环境扫描,领导者往往会从多角度思考组织所面临的问题,并试图将各种悖论问题整合起来,找到化解冲突的解决方案,具体表现为悖论式领导风格。通过环境扫描,特别是对领导者的行为解读,员工会将冲突和竞争性需求视为组织的内在现象(Smith & Lewis,2011;Miron-Spektor et al.,2018),从而将领导者的矛盾性需求视为一个整体并将之转化为最终的绩效产出而非难以处理的问题(Smith et al.,2012;Ingram et al.,2016)。与传统的领导方式不同,悖论式领导是善于应对矛盾的一种领导行为(Zhang et al.,2021)。因此,悖论式领导的重要特点就是支持对立力量和利用持续的张力(Smith & Lewis,2011)。这种领导行为本身就是个体需要面对的情境之一,员工对这种行为的认知和由此衍生的意义可能会激发个体的创造性投入(Ford,1996)。

(2)解释(interpretation)。

在复杂和动态的组织环境中,意义建构被视为一种关键的领导能力(Ancona,2011)。领导者的角色是充当意义给赋者(sensegiver),将自己对复杂情况的理解传递给下属,进而影响下属的意义建构(Foldy,2008)。意义给赋不是一个简单的自上而下的过程,当领导者参与意义传达时,组织成员也不是简单意义的被动接受者,而是参与他们自己的意义建构,从而采取积极(改变)或消极(抵制、拒绝)的态度来应对他们被给予的意义(Maitlis & Christinson,2014)。因此,对环境的解释涉及理解信息的含义,并将信息适当地纳入自我理解的心理结构中(Gioia,1986;Taylor & Crocker,1981)。解释通常被视为是一种个体层次的认知过程,在这个过程中,个体关注并赋予新传入信息有意义的标签(Smart & Vertinsky,1984;Taylor & Fiske,1978)。

本研究中,个体通过对组织环境及悖论式领导行为的解读,进行自我的角色意义建构,建立起对自我角色身份(创新角色认同、角色自主性及角色冲突)的认知,围绕角色认知进行意义厘清,进而采取行动以进一步确认和巩固他们的角色身份。

(3)行动(action)。

有效的个体行动往往取决于个体执行决策的能力,这些决策是基于对组织相关信息的扫描以及随后对这些信息的解释。Whetten(1988)和 Ranson 等(1980)认为,个体对环境的解释和行动之间的关联非常重要。个体对环境解释的内容之一就是对自我身份的确认。个体以满足自我提升、自我效能和自我一致性需求的方式构建他们的身份。当其中一个或多个身份受到威胁或身份变得模糊时,个体就会通过启动防御机制保护他们的角色身份免受威胁,以及避免由此带来的焦虑和不适。此时的意义建构可以被理解为一种试图获得控制权和创造可预测性结果的重要方式(Maitlis & Christianson,2014)。

由于在组织中,当领导者进行自上而下的意义给赋时,组织成员不是被动的意义接受者,而是参与他们自己的意义建构,接受、改变、抵制或拒绝他们被给予的意义(Pratt,2000;Sonenshein,2010)。本研究中,个体建立起自我角色认知之后,所采取的行动就是通过积极(工作投入、风险承担意愿)或消极(情绪耗竭)的反应做出回应。

(4)结果(performance)。

意义建构的结果包括组织战略变革(Nag et al.,2007;Yu et al.,2005)、组织学习(Christianson et al.,2009;Colville et al.,2013)、创造力和创新(Jay,2013;Ravasi & Turati,2005)。

当个体面对一种情境时,他们试图通过创造自己的解释和意义建构来理解,这为其随后的行为提供了目标和动机。此外,只有当他们能够通过可用的资源产生创造性结果时,个体才会将一个情境解释为需要创造性行为,并根据这种解释采取行动(Maitlis et al.,2011)。因为,这样的情境可以使个体额外的努力和预期绩效之间存在合理的关系(Ford,1996;Unsworth & Clegg,2010)。

本研究中,意义建构的结果是个体任务绩效和创新绩效的变化。

基于上述分析,本研究在意义建构理论的基础上,提出了悖论式领导与员工工作绩效的整体研究框架,如图 3-3 所示。

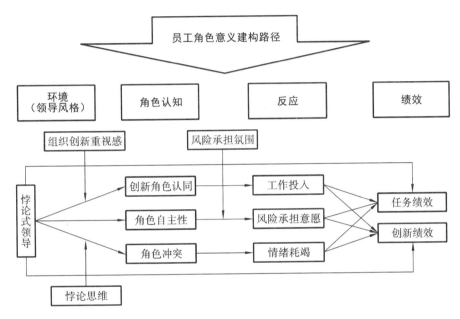

图 3-3 整体研究框架

3.3 整体研究内容

本研究通过三个子研究进行总体模型的验证和检验。子研究一从创新角色认同这一角色感知出发,构建悖论式领导对于员工任务绩效和创新绩效的积极影响机制以及组织创新重视感的理论边界;子研究二从角色自主性这一角色感知出发,构建悖论式领导对于员工任务绩效和创新绩效的积极影响机制以及风险承担氛围的理论边界;子研究三从角色冲突这一角色感知出发,探讨悖论式领导对于员工任务绩效和创新绩效的积极影响机制以及悖论思维的理论边界。

3.3.1 子研究一：悖论式领导——员工绩效之创新角色认同路径研究

子研究一基于意义建构理论和角色认同理论，从创新角色认同这一角色感知探讨悖论式领导对员工任务绩效和创新绩效的积极影响。该子研究的主要理论假设关系如下。

(1)悖论式领导对员工任务绩效和创新绩效的影响。

这一部分将具体阐述悖论式领导如何提高员工的任务绩效和创新绩效。通过意义建构，悖论式领导正确理解组织所处的情境，并将自己的理解传递给员工，进而影响下属的意义建构，最后提出适合组织情境的解决方案(Foldy et al.，2008)。悖论式领导通过采用"二者都"的方法，促进成员间的互补过程，以协调完成相互竞争性的需要，从而提高员工的任务绩效和创新绩效。

(2)创新角色认同和工作投入在悖论式领导与员工任务绩效和创新绩效之间的链式中介作用。

这一部分将具体阐述悖论式领导如何通过创新角色认同和工作投入的连续中介作用正向影响员工任务绩效和创新绩效。悖论式领导对组织面临悖论问题时的创造性解决期望会让其主动寻求问题的解决方案。这一方面是领导者认为自己善于解决那些普遍存在的悖论问题，另一方面悖论式领导希望通过悖论意义建构促使成员与其有同样的认知。当悖论式领导为员工提供如何解决竞争性工作需求的角色模型时，员工将会视其为榜样并且采取相似的模仿性行为。创新角色认同促使员工调用大量的资源，主动融入工作角色和工作任务当中，这些都有利于员工任务绩效和创新绩效的提升。

(3)组织创新重视感的调节作用。

这一部分具体阐述组织创新重视感如何影响悖论式领导对于所处组织环境的意义建构，进而影响员工的意义建构及其行为。当悖论式领导感受到组织对创造性活动的高度重视时，他们会认为创造性活动是有意义的并积极向员工传达这一判断和认知。当员工通过对悖论式领导及组织环境的解读认识到创造性问题的解决对提升组织整体绩效的重要性时，他们会将这种外在的创造性需求转化为个体内在认知并塑造个体行为，以验证他们的创新角色身份。并且，当组织创新重视感较高时，悖论式领导会通过强化下属的创新角色认同，促使下属产生更多工作投入，从而提升其任务绩效和创新绩效。

3.3.2 子研究二：悖论式领导——员工绩效之角色自主性路径研究

子研究二将基于意义建构理论和自我决定理论，从角色自主性这一角色感知探讨悖论式领导对员工任务绩效和创新绩效的积极影响。该子研究的主要理论假设关系如下。

（1）角色自主性和风险承担意愿在悖论式领导与员工任务绩效和创新绩效之间的链式中介作用。

这一部分具体阐述悖论式领导如何通过提高员工的角色自主性提高员工的风险承担意愿，从而促进其任务绩效与创新绩效的提升。悖论式领导会通过意义建构和工作设计影响员工的内在动机并最终影响员工的任务绩效和创新绩效。悖论式领导给予员工工作自主裁量权和支配权，寻求员工和工作之间的最佳配合以产生协同效应，这种角色自主性不仅增强了员工的工作控制感，而且增加了员工积极应对所面临工作风险和压力的心理资源，从而增强员工的风险承担意愿。这些都有利于员工更广泛地寻找外部信息和提升自我，以发现对立要素之间的普遍联系，从而间接提高员工的任务绩效和创新绩效。

（2）风险承担氛围的调节作用。

这一部分具体阐述风险承担氛围如何影响角色自主性与风险承担意愿之间的关系。在风险承担氛围比较高的环境下，环境线索向员工传递了组织对潜在风险和负面结果的理解和接受程度相对较高的信号（Van Dyck et al.，2005），因而他们更有可能将挑战性活动理解为组织的一种可取行为，并从心理上会感到这种活动更安全（Yuan & Woodman，2010），那么他们从事这种活动所需消耗的心理资源就会相对较少。因此，在风险承担氛围比较高的环境下，员工的角色自主性对风险承担意愿的积极作用将会更大。并且，当风险承担氛围比较高时，悖论式领导会增强员工的角色自主性来提升员工的风险承担意愿，进而提高员工的任务绩效与创新绩效。相反，当风险承担氛围比较低时，员工尝试新想法的意愿将会降低，因而悖论式领导通过角色自主性和风险承担意愿对员工任务绩效和创新绩效的影响也将会降低。

3.3.3 子研究三：悖论式领导——员工绩效之角色冲突路径研究

子研究三基于意义建构理论和JD-R模型，从角色冲突这一角色感知探讨悖论式领导对员工任务绩效和创新绩效的积极影响。该子研究的主要理论假设关系如下。

(1)角色冲突和情绪耗竭在悖论式领导与员工任务绩效和创新绩效之间的链式中介作用。

这一部分具体阐述悖论式领导如何通过角色冲突和情绪耗竭的连续中介作用影响员工的任务绩效和创新绩效。悖论式领导在员工的角色设定和选择方面给予了较大的接受度和灵活性,尊重每个成员的独特性,从而减少了员工的角色冲突。同时,悖论式领导鼓励员工发表不同的见解,当员工与悖论式领导频繁互动时,员工就有机会观察竞争需求,并学习管理这些紧张关系的技巧。在向领导者学习的过程中,员工与悖论式领导形成了对待矛盾的一种共同看法,从而更容易吸收悖论式领导的思维方式和解决问题的方法,并将他们所掌握的技能应用到自己的情况中。这将进一步缩小上下级角色认知的差异,从而有助于进一步降低员工的角色冲突。角色冲突是情绪耗竭重要的前因变量(Jackson & Schuleer,1985;Lee & Ashforth,1996;Peeters et al.,2005)。角色冲突作为一种压力源,不仅会引发个体负面的情绪和认知,而且会对员工争取新资源和克服困难所需要的工作资源产生负面影响(Harris et al.,2006)。悖论式领导会通过缩小上下级角色认知的差异来降低员工的角色冲突,进而减少情绪和认知资源消耗来降低员工的情绪耗竭,最后间接提高员工的任务绩效和创新绩效。

(2)悖论思维的调节作用。

这一部分具体阐述悖论思维如何影响悖论式领导与员工角色冲突之间的关系,以及悖论思维如何使悖论式领导通过角色冲突和情绪耗竭间接影响员工的任务绩效和创新绩效。悖论思维不仅是一种能解决紧张关系的方法,也是一种能够实现积极结果和个人发展的重要途径。当员工的悖论思维水平较高时,他们的认知灵活性也会随之提高(Rothman & Melwani,2017),因此员工本身注意力范围就会很广,从而关注不同的问题并综合考虑这些问题。在这种情况下,员工对自身的工作角色有较高的认可度和接受度,因而悖论式领导给员工发送的角色期望不会造成员工的角色压力,因而不会有较高的角色冲突感。同时,当员工的悖论思维水平较高时,他们也会有较复杂的思维(Tetlock,Peterson, & Berry,1993)。这种复杂思维使得员工既能识别对立要素之间的区别,又能识别对立要素之间新的联系,他们会建立自身对角色期望之间不相容的认知,而这种由于角色之间不相容而产生的压力感也会随之减弱。因此,员工对悖论式领导的需求也较低,使得悖论式领导管理措施的有效性也随之减弱。

4 悖论式领导——员工绩效之创新角色认同路径研究

4.1 问题提出

近年来,随着组织环境的复杂化和动态化,员工被期望在完成工作任务的同时做出创造性的贡献(Adler,1993)。但是研究发现,绩效的两个方面,即任务绩效和创新绩效是矛盾的(Bledow et al.,2009)。任务绩效要求员工开发现有的知识和技能,以确保指定的工作角色要求能够顺利完成。相比之下,创新绩效则意味着员工需要跳出原有的思维框架,产生新的想法及解决方案(Janssen,2001)。研究发现,新想法和新解决方案的探索给行动者提供了更好的发展机会,但不利于维持较高的任务绩效(Lewis & Smith,2014)。而专注于日常任务的完成则会阻碍行动者新想法和新方案的产生(Andriopoulos & Lewis,2009)。因此,如何同时增加员工的任务绩效和创新绩效,成为学者和企业家共同关注的问题。

悖论观点认为,矛盾是客观存在的,不以人的意志为转移,持续有效的应对方式是拥抱这些矛盾,而不是在这些矛盾之间选择。已有研究表明,领导力是悖论问题最具影响力的解决因素之一(Zhang et al.,2021;Uhl-Bien & Arena,2018)。其中,领导的一个重要角色就是支持对立力量,并利用这些对立力量。Zhang等(2015)提出了悖论式领导的概念,并且描述了这种领导行为可以有效应对组织面临的矛盾问题。

悖论式领导的特点是,通过展现看似矛盾实际上却相互联系的行为,同时接受和处理相互竞争的工作要求(Zhang et al.,2015)。这要求领导者重构他们对于矛盾的思考,采取"兼而有之"而不是"非此即彼"的思维方式。Zhang等(2015)利用"兼而有之"的思维方式将悖论式领导所展现出的行为概括为五个维度:①以自我为中心与以他人为中心相结合;②与下属在处理工作相关问题时保持等级距离的同时,与下属建立密切关系;③公平对待下属,同时考虑个性化;④加强工作要求的同时允许灵活性;⑤在允许自主性的同时保持决策控制。

Zhang等(2021)认为前三个维度对应于集体与个人的悖论,即归属悖论。后两个维度对应于控制性与灵活性的悖论,即组织悖论。这两类悖论是领导者在组织管理中常见的悖论问题。面对归属悖论时,悖论式领导鼓励员工的自我表达,同时保持自身与集体的紧密联系,以促进组织成员之间的合作与凝聚力。面对组织悖论时,悖论式领导会给员工灵活解决问题的自由以激发他们不同的见解,同时保持控制以确保高质量的产出。另外,本研究认为,任务绩效和创造绩效是绩效相互矛盾的两个方面,属于绩效悖论。在面对绩效悖论时,悖论式领导鼓励员工充分发挥自身核心能力,实现短期目标;同时,进行创新突破以促进长远发展。因此,悖论式领导在面对这些悖论的紧张关系时,并不是在个人与集体、灵活性与控制性、短期与长期之间妥协,而是试图以更包容和新颖的理解使得这些紧张关系长期共存。基于此,本研究提出悖论式领导是促进个体任务绩效和创新绩效提升的重要情景因素。

虽然学者们已经就悖论式领导对员工在工作场所的表现影响进行了实证研究,具体包括员工的绩效(Smith & Lewis,2011;Amason,2017;Knight & Harvey,2015;Yang et al.,2021;Shao et al.,2019)、工作态度(Kan & Parry,2004;Garg,2016)以及工作行为(Milosevic et al.,2015;Ingram et al.,2016;Zhang et al.,2021)等方面。这些研究不仅忽视了悖论式领导对员工任务绩效和创新绩效的影响,也忽视了悖论式领导如何影响员工的悖论意义建构以及对悖论式领导影响员工任务绩效和创新绩效的内部机制的探讨。同时现存这些问题不仅阻碍了学者们对于悖论式领导影响员工任务绩效和创新绩效的深入了解,也限制了学者们对于员工任务绩效和创新绩效前因的探寻与理解。随着组织复杂化、多样化和动态化的深入,传统"非此即彼"的思维会过度简化管理实践和管理需求(Lewis,2000)。相比于认为矛盾是需要权衡的两难选择,悖论式领导通过动态整合各种张力之间的关系,有效发挥员工的潜在能力,达到了个人与集体成就、绩效目标与学习目标、效率与创新之间的动态平衡。因此,本研究聚焦于探讨和检验悖论式领导对于员工任务绩效和创新绩效关系的创新角色认同这一路径机制。

此外,从意义建构的角度来看,个体在决定从事创造性活动之前,会先评估所在组织对这种活动的反应(Drazin et al.,2000;Ford,1996),进而判断个体的创造性努力是否会被组织认可和看重。只有当情境要求和角色认同相一致时,角色认同才会促进角色一致性的表现(McCall & Simmons,1978)。因此,悖论式领导对于员工创新角色认同的影响可能会受到组织创新重视感的影响。基于此,本研究将探讨组织创新重视感对悖论式领导对员工任务绩效和创新绩效积极作用的边界影响。

综上,本研究分析悖论式领导影响员工绩效产出的创新角色认同这一角色感知机制,即以创新角色认同和工作投入作为中介变量,探讨它们对悖论式领导和员工绩效产出的影响。模型如图4-1所示。

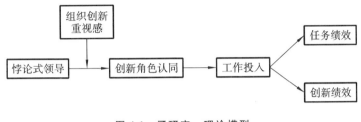

图4-1 子研究一理论模型

4.2 理论基础与研究假设

本小节首先探讨了悖论式领导如何影响员工的任务绩效和创新绩效,然后继续探讨了悖论式领导通过创新角色认同和工作投入这一中介机制对员工任务绩效和创新绩效的间接影响,最后检验了一个边界条件,即组织创新重视感对该间接作用的影响。

4.2.1 悖论式领导与员工任务绩效和创新绩效

任务绩效是指个体为了完成角色要求和职责范围内工作任务而展现的一系列行为(Borman & Motowidlo,1993),反映了个体完成组织要求的行为和绩效结果的程度(Motowidlo & Van Scott,1994)。任务绩效对于组织在复杂且充满矛盾的竞争环境中的生存和成长至关重要,是组织生存和发展的基础。创新绩效则是指个体在工作过程中产生新颖而有用想法并付诸实践的行为(Amabile,1988)。创新绩效指的是个体行为的结果,而非创造性想法涌现的过程(Zhou & Hoever,2014)。研究发现,对新想法和新方案的探索会给行动者提供改进工作的机会但不利于维持高的绩效,而专注于日常任务的完成则会阻碍创新。因此,任务绩效和创新绩效被看作是一对矛盾的绩效结果(Bledow et al.,2009)。

意义建构理论认为,意义建构总是发生在一个社会环境中,受定义该环境的规则和资源的影响(Maitlis et al.,2013)。以往关于领导力的研究强调了特定情境认知的重要性,认为个体意义建构、领导力以及下属的绩效存在一定的关系(Lord & Hall,2005;Mumford et al.,2007)。对于处在复杂、动态环境中的组织而言,领导者需要正确理解组织所处的情境,并将自己的理解传递给下属,进而影响下属的意义建构,最后提出适合组织情境的解决方案(Foldy et al.,2008)。基于这一点,意义建构被视为一种关键的领导能力(Ancono,2011)。

本研究认为,领导力是影响员工绩效的关键情境因素(Hocine & Zhang,2014)。悖论式领导善于采取"二者都"的方法来解决工作中相互竞争的需求(Waldman & Bowen,2016),并且会随着时间的推移动态地整合矛盾与冲突(Smith et al.,2016;Zhang et al.,2015)。首先,悖论式领导会根据成员的特点分配任务,同时确保成员间技能的互补以便于团队合作。这样不仅会使成员在任务实施过程中充分发挥各自的专长从而顺利完成任务,而且在这一过程中可以实现互补成员间"一加一大于二"的协同效应。其次,悖论式领导赋予成员灵活性,同时保持控制。赋予成员灵活性可以激发不同见解,实现创新,保持控制可以确保成员高质量产出。最后,悖论式领导允许成员的个性表达,激发他们的创新想法,同时确保个体诉求不损害团队整体利益,以促进有效的团队合作。悖论式领导的这些行为可以促进成员间的技能互补,以协调完成相互竞争性的需要。根据以上论证,本研究提出如下假设。

假设 4-1:悖论式领导与员工任务绩效正相关。

假设 4-2:悖论式领导与员工创新绩效正相关。

4.2.2 悖论式领导与创新角色认同

角色认同理论认为,角色认同的来源之一是他人的期望(Riley & Burke,1995)。个体通过理解和内化他人的期望来形成自我的角色认同(Huang et al.,2019)。其中,满足他人身份期望是个体行为重要的驱动力。个体自我意义建构过程即是通过他人的看法来判断自我的价值。已有研究表明,他人期望与角色认同之间存在正向关系(Callero et al.,1987)。例如,王晓艳和高良谋(2020)发现,用户创新期望对员工创新行为具有显著的正向作用。Grube & Piliavin(2000)实证表明,他人期望感知是志愿服务角色认同最重要的影响因素。

创新角色认同是个体自我认知的一个层面,是指员工对自己作为创新个体的认同(Farmer et al.,2003;Tierney & Farmer,2011),属于个体自我认知的范畴。这种自我认知主要来自两个方面,即他人对自我的反馈和相关的自我观点(Riley & Burke,1995)。也就是说,当来自他人的反馈和自我观点存在一致性时,个体倾向于将其视为对自己观点的支持和验证,并将其应用于自己的角色认同。因此,创新角色认同反映了创造性角色的内化系统,即创新角色建构,它是基于他人的反馈和对自我的认同来承诺这一创造性角色的。

管理情境因素作为他人期望的重要来源,会通过影响个体的自我认知进而对其行为产生重要的影响(Erez & Earley,1993)。将这一观点引入悖论式领导和员工创新角色认同关系中,本研究认为,当员工感知到悖论问题创造性解决期望时,他们会将自我形象和创新角色内化统一为创新角色来定义自己是谁。换言之,当认识到悖论式领导创造性问题解决期望时,员工会用自己的方式来满足领导者的期望,对这一角色期望进行内化,并最终形成创造性自我概念。同时,悖论式领导通过给员工提供解决竞争性工作需求的角色模型,为员工如何实现这一解决期望提供可参考的标准。因此,悖论式领导对员工创新角色认同有积极的促进作用。基于此,本研究提出以下假设。

假设 4-3:悖论式领导与创新角色认同正相关。

4.2.3　创新角色认同与工作投入

当认同某一特定角色时,个体倾向于表现出与其角色认同相一致的行为,以便验证这种角色身份(Farmer et al.,2003)。意义建构理论认为,个体以满足自我提升、自我效能和自我一致性需求的方式构建他们的角色身份(Erez & Earley,1993)。因此,员工的角色认同可能影响他们的工作投入状态。

工作投入是个体一种持续的、充实的、积极的情感认知状态(Schaufeli et al.,2002)。高工作投入的员工表现为充满活力、具有奉献精神和专注力。活力是指个体在工作中表现出充沛的精力、坚韧的心理和强大的精神恢复能力;奉献是指个体具有强烈的意义感与自豪感、饱满的工作热情、丰富的灵感,勇于接受工作中的挑战等;专注则意味着个体完全沉浸在自己的工作中,从而觉得时间过得很快且不容易从工作中脱离出来(Demerouti & Cropanzano,2010)。

角色认同会激发个体表现出自我角色身份一致性需求。创新角色认同作为员工创造性角色的内化系统,不仅帮助员工认知所在团队中的自我,而且形成工作对于实现创新自我的价值认知,两种认知同时激发员工的角色身份一致性需求,促使员工更多地投入工作当中。具体而言,创新角色认同高的员工会感受到一种来自外界人际和社会的压力,这种潜在的身份威胁促使员工产生强烈的关于期望自我与自我观点的协同一致,进而促使员工调用大量的资源,主动融入工作角色和工作任务当中。反过来,当员工与其认同的角色身份表现为不一致时,可能会造成较高的社会和个人成本(McCall & Simmons,1978)。因此,员工倾向于依据自身认同的角色身份行事,从而有益于其自我发展(Stryker,1987)。基于此,本研究提出以下假设。

假设4-4:创新角色认同与工作投入正相关。

4.2.4 工作投入与任务绩效和创新绩效

大量的研究表明,员工工作投入与工作绩效之间存在正相关关系(Demerouti & Cropanzano,2010)。例如,Halbesleben和Wheeler(2008)的实证研究表明,在控制了工作嵌入之后,工作投入显著正向影响工作绩效。翁清雄等(2017)以科研人员为研究对象的实证研究表明,科研人员的工作投入正向预测其任务绩效和关系绩效。

工作投入实际上是个体在心理上对工作的认同,并将工作绩效视为个人价值观的反映。工作投入高的员工经常有积极的情绪体验,包括幸福、快乐和热情。积极的情绪可以拓宽个体的思想行动,并为个体建立各种各样的个人资源(Fredrickson,2001),这些资源包括生理资源(如身体机能、健康)、认知资源(如知识、执行控制)或心理资源(如自我效能、乐观主义)。资源保存理论认为,相对于拥有资源较少的个体,拥有资源较多的个体不仅不容易遭遇资源的损失,而且更有能力获取和发展新的资源(Hobfoll,2011)。工作投入水平高的员工拥有较多个人资源,因此会投入这些资源到工作中用以满足工作需求,并且有利于实现较高的工作绩效(Bakker & Xanthopoulou,2009;Luthans et al.,2010)。

首先,员工将体力资源投入工作当中,如延长工作时间增加了员工的努力水平,有助于工作任务的完成。根据角色认同理论,员工的工作角色在很大程度上是由组织中他人的行为期望来定义的。因此,员工会将任务实现与角色期望等同起来,提升自身角色身份与工作关系的情感连接,进而投入大量的时间和精力努力实现预期目标,有利于实现较高的工作绩效(Schaufeli & Bakker,2004)。

其次,将认知资源投入工作当中的员工,可以显著提高其工作绩效。例如,工作投入高的员工对工作和组织有较强的心理认同。由于组织认同意味着员工将自己的组织成员身份与自我概念相结合,那么他对工作意义和组织愿景有着深刻的认识,对组织更有归属感,从而在完成规定的工作任务之外展现更多的组织公民行为(Hall et al.,2013)。

最后,员工将情绪资源投入工作当中,有助于提升员工的工作绩效。工作投入较高的员工往往情绪更为积极,这有助于激发员工的工作热情和奉献精神。

一方面,积极情绪可以增加同事之间的支持和帮助。另一方面,积极情绪也有助于员工满足其工作角色的情绪需求,促使其产生积极行为。这些丰富的个人资源,不仅可以帮助员工完成基本的任务要求,还能帮助员工积极寻求改变,超越自己的工作要求,寻求挑战性任务,从而增加创新产出。基于此,本研究提出如下假设。

假设 4-5:工作投入与员工任务绩效正相关。

假设 4-6:工作投入与员工创新绩效正相关。

4.2.5 创新角色认同和工作投入的连续中介作用

结合假设 4-1 至假设 4-6,本研究推断悖论式领导会通过创新角色认同和工作投入的连续中介作用间接影响员工任务绩效和创新绩效。根据意义建构理论(Weick,1995)和角色认同理论(McCall & Simmons,1978),本研究认为悖论式领导会通过个体意义建构和角色期望影响员工的角色身份认知并最终影响员工的任务绩效和创新绩效。悖论式领导对于组织面临悖论问题的创造性解决期望会让其主动寻求问题的解决方案。这一方面是领导者认为自己善于解决那些普遍存在的悖论问题,另一方面体现在悖论式领导通过悖论意义建构来促使成员与其有同样的认知。当悖论式领导为员工提供如何解决竞争性工作需求的角色模型时,员工将会视其为榜样并且开展相似的模仿性行为。创新角色认同促使员工调用大量的资源,主动融入工作角色和工作任务当中,这些都将有利于员工任务绩效和创新绩效的提升。基于此,本研究提出以下假设。

假设 4-7:悖论式领导会通过创新角色认同以及工作投入的连续中介作用间接影响任务绩效,即悖论式领导主要通过提高员工的创新角色认同提高员工的工作投入,进而提高员工的任务绩效。

假设 4-8:悖论式领导会通过创新角色认同以及工作投入的连续中介作用间接影响创新绩效,即悖论式领导主要通过提高员工的创新角色认同提高员工的工作投入,进而提高员工的创新绩效。

4.2.6 组织创新重视感的调节作用

组织对创新的重视是创新支持氛围的重要维度(Farmer et al.,2003),代表了一种支持创新和创造力的组织环境(Amabile,1988),是一个组织对待创新和创造力的最基本的导向。从意义建构的角度来看,个体在决定从事创造性活动之前,会先评估所在组织对这种活动的反应(Drazin et al.,2000;Ford,1996),进而判断个体的创造性努力是否会被组织认可和看重。只有当情境的要求和角色认同相一致时,角色认同才会导致角色一致性的表现(McCall & Simmons,1978)。当存在一致性时,组织情境的角色支持提供了自我验证,并确认了个体的相关身份,从而增加了个体执行此类角色的概率。当特定情境的需求与高度突出的角色身份不一致时,与身份一致的行为得不到重视或确认,个体的身份就会受到威胁,在这种情况下,为了保护自身的身份认同,个体将倾向于避免与角色相关的行为(Burke,1991)。

本研究认为,组织创新重视感会影响悖论式领导对于所处组织环境的意义建构,进而影响员工的意义建构及其行为。当悖论式领导感受到组织对于创造性活动的高度重视时,他们会认为创造性活动是有意义的且积极向员工传达这一判断和认知。当员工通过对悖论式领导及组织环境的解读认识到创造性问题解决对提升组织整体绩效的重要性时,他们会将这种外在的创造性需求内化为个体内在认知的方式来塑造个体行为,以验证他们的创新角色身份。具体而言,一方面,在组织创新重视感高的环境下,悖论式领导会积极搜寻与创造性问题解决有关的信息和资源。当下属提出改善工作及提高绩效的想法和建议时,悖论式领导会积极评估这些想法和建议,并给予下属积极回应,进而促使下属形成更强烈的创新角色认同。另一方面,高组织创造重视感的环境也会提升下属对于解决创造性问题有关信息和资源的搜寻。创新角色认同的个体对其角色支持(或威胁)的环境高度敏感(Farmer et al.,2003),因此他们倾向于将悖论式领导作为其创造性行为的重要支持,为其创造性行为提供可用的资源。综上所述,本研究提出以下假设。

假设4-9:组织创新重视感会调节悖论式领导与创新角色认同之间的关系,当组织创新重视感较高时,悖论式领导与创新角色认同的积极关系将更强。

结合假设4-7、假设4-8和假设4-9,本研究认为组织创新重视感是影响悖论式领导通过创新角色认同以及工作投入间接影响员工任务绩效和创新绩效的重要边界条件。当组织创新重视感高时,悖论式领导会增强员工对自身作为创新角色的认同,进而增加员工的工作投入,对员工的任务绩效和创新绩效产生正向影响。综上所述,本研究提出如下假设。

假设4-10:组织创新重视感会调节悖论式领导通过创新角色认同、工作投入正向影响任务绩效的间接效应,当组织创新重视感较高时,这一正向的间接效应将更强。

假设 4-11: 组织创新重视感会调节悖论式领导通过创新角色认同、工作投入正向影响创新绩效的间接效应,当组织创新重视感较高时,这一正向的间接效应将更强。

4.3 研究方法

4.3.1 研究样本与数据收集

为保证研究方法的科学性,本研究采用两阶段、两来源的数据调研方式来检验上节中所提出的研究假设。本研究选取武汉、西安、长沙、北京、南京、上海、深圳等地的 20 个发展成熟、业务规范的企业进行实地调研。在这 20 家企业中,有 10 家旅游企业,4 家房地产企业,3 家制造企业和 3 家设计企业。本研究对这 20 家企业中的 93 个团队展开调研研究。其中销售团队 20 个(21.5%),服务团队 32 个(34.4%),生产团队 18 个(19.4%),科研团队 23 个(24.7%)。每个团队分别由一名团队领导和若干下属组成。在本次调研的这 93 个团队中,成员的平均构成为 5 人。

为避免同源误差(common method bias)的问题,本研究采用两阶段、两来源的问卷调查方式进行实证研究。两次调研的间隔时间为 2 周,并且是采用领导-下属匹配的方式填写相应的问卷。具体而言,在时间点 1,领导和下属各自填写个人的性别、年龄、受教育程度、工作年限等人口统计学变量,此外,下属报告领导的悖论式领导行为,领导报告自己所在公司的创新重视程度。在本阶段,共有 93 个团队领导以及 465 个团队成员填写了调研问卷。在时间点 2(2 周之后),再次对那些在时间点 1 填写了问卷的团队进行调研,团队领导评价下属的工作绩效(任务绩效和创新绩效),下属填写自己的创新角色认同和工作投入。在这一阶段,共计 88 个团队领导和 439 个团队成员完成了问卷填答。在录入问卷时发现,有 20 个团队成员的问卷有较多空白,并且所选题项规律性明显,因此本研究剔除了这 20 份无效问卷。最后,本研究共回收 84 个团队领导(有效回收率为 90.3%)和 419 个团队成员(有效回收率为 90.1%)的有效问卷数据,平均团队人数为 4.99 人。在 84 个团队领导中,53.6% 为男性,46.4% 为女性,平均年龄为 37.54 岁(标准差为 7.82),平均组织任期为 5.68 年(标准差为 3.90),拥有本科学历的人数占比为 50.0%,拥有硕士及以上学历的人数占比为 16.7%。在

419个团队成员中,49.9%为男性,50.1%为女性,平均年龄为30.76岁(标准差为6.95),平均组织任期为3.64年(标准差为4.37),52.3%的人拥有本科学历,10.2%的人拥有硕士及以上学历。

为确保两阶段上下级匹配的准确性及研究结果的真实性和保密性,本研究采用填写被调查人员的姓氏并加其手机号后四位的方式进行数据采集(如王2413),同时尽可能提供一些补偿措施以提高被调研人员的积极性以及消除他们的相关顾虑。首先,在发放问卷的过程中隔离了团队领导和团队成员,两者在不同地方填写相关问卷。其次,本研究事先给每位参与调研的人员进行编号,并且在数据录入时用编号代替被调研人员的姓名。最后,本研究强调调研活动的科研性和保密性,并提供价值20元的小礼品作为答谢。

4.3.2 变量测量

本研究在文献回顾的基础上,根据概念模型的研究假设,确定调查问卷需要测量的变量,具体包括悖论式领导、创新角色认同、工作投入、创新自我效能感、任务绩效和创新绩效。本研究选取国内外具有影响力的学者开发的成熟量表进行变量测量,并且这些量表在中国情境下通过了信效度的验证。

(1)悖论式领导。

本研究采用Zhang等(2015)开发的悖论式领导行为量表,该量表共22个题项,包括5个维度,具体为对待下属一致性与个性化相结合(UI)、以自我为中心与以他人为中心相结合(SO)、保持决策控制与允许自主性相结合(CA)、执行工作要求与允许变通相结合(RF)以及保持距离与亲密度相结合(DC)。采用李克特5点制量表进行评价,团队成员对其直属领导进行评价("1"代表"非常不同意","5"代表"非常同意")。代表性题项包括"分配同样的工作量但又考虑到各自的工作能力和长处来应对不同的任务"以及"在重大问题上做出决策但授权下属去处理次为重要的问题"等。本研究中,该量表的信度为0.919。

(2)创新角色认同。

本研究采用Farmer等(2003)开发的创造性员工角色认同量表,该量表共3个题项,具体题项包括"我经常思考如何让自己变得富有创造力"和"对我来说,做一个富有创造力的员工是很重要的事情"等。采用李克特7点制量表进行评价,团队成员对所列行为的同意程度进行自我评价("1"代表"非常不同意","7"代表"非常同意")。本研究中,该量表的信度为0.842。

(3) 工作投入。

本研究采用 Schaufeli 等(2006)开发的 9 个题项量表,包括活力、奉献和专注三个维度。采用李克特 7 点制量表进行评价,团队成员需要回答他们自己是否在工作中有过每一条行为所描述的感觉("1"代表"从来没有","7"代表"总是")。代表性题项包括"在工作中,我感到自己迸发出能量"和"工作时,我感到自己强大并且充满活力"等。本研究中,该量表的信度为 0.871。

(4) 组织创新重视感。

本研究采用 Farmer 等(2003)开发的组织创新重视感量表,该量表共 6 个题项。采用李克特 7 点制量表进行评价,团队领导需要回答他们所在公司重视创新的每一条描述("1"代表"非常不同意","7"代表"非常同意")。具体题项包括"我觉得创新想法得到了公司的支持和鼓励"和"在公司可以从事有创造性或创新工作而不会受到他人的威胁"等。本研究中,该量表的信度为 0.869。

(5) 任务绩效。

本研究采用 Farh 等(1991)编制的量表,该量表共 3 个题项。采用李克特 5 点制量表进行评价,团队领导需要回答其团队成员工作表现的每一条描述("1"代表"非常不同意","5"代表"非常同意")。具体题项包括"在主要工作职责上工作质量高、品质完美、错误少、正确率高"和"在主要工作职责上工作效率高、执行速度快、工作量大"等。本研究中,该量表的信度为 0.776。

(6) 创新绩效。

本研究采用 Madjar 等(2011)编制的量表,该量表共 6 个题项。采用李克特 7 点制量表进行评价,团队领导需要回答其团队成员工作表现的每一条描述("1"代表"非常不同意","7"代表"非常同意")。具体题项包括"该员工是高度创新性想法的好来源"和"该员工能轻松完善旧的工作流程,以满足当前的工作需要"等。本研究中,该量表的信度为 0.807。

4.3.3 分析策略

本研究采用 Mplus 8.3 对数据进行路径分析来检验所构建的理论模型。具体来讲,首先,构建一个中介模型来检验假设 4-1 至假设 4-6。该中介模型包括自变量(悖论式领导)、中介变量(创新角色认同、工作投入)和结果变量(任务绩效和创新绩效)。其次,采用 Bootstrap 法进行 5000 次抽样,估计中介效应 95% 置信区间来检验假设 4-7 和假设 4-8。之后,在已构建的中介模型的基础上增加交互项(悖论式领导×组织创新重视感)来检验假设 4-9,并构建有调节的中介模型来检验假设 4-10 和假设 4-11。由于组织创新重视感属于团队层变量,由团队领导进行评价，因此直接进行跨层次数据分析。最后，本研究同样采用 Bootstrap 法进行 5000 次抽样，运用调节变量±1 个标准差表示调节变量的高水平和低水平，检验在这两个水平取值条件下二者差值的置信区间是否包含 0，若不包含 0，说明有调节的中介作用成立。

4.4 研究结果

4.4.1 描述性统计分析

表 4-1 为本研究所涉及变量的均值、标准差和相关系数。从表 4-1 可以看出，悖论式领导与创新角色认同显著正相关（$r=0.346, p<0.01$）；悖论式领导与任务绩效显著正相关（$r=0.405, p<0.01$）；悖论式领导与创新绩效显著正相关（$r=0.399, p<0.01$）；悖论式领导与工作投入显著正相关（$r=0.311, p<0.01$）；创新角色认同与工作投入显著正相关（$r=0.501, p<0.01$）；工作投入与任务绩效显著正相关（$r=0.522, p<0.01$）；工作投入与创新绩效显著正相关（$r=0.581, p<0.01$）。以上显著相关关系初步支持了本研究的研究假设。

4.4.2 验证性因子分析

在正式的假设检验之前，本研究首先运用验证性因子分析对变量进行区分效度检验。从表 4-2 中可以看出，六因子模型（悖论式领导、创新角色认同、工作投入、组织创新重视感、任务绩效、创新绩效）与五因子模型（悖论式领导+创新角色认同、工作投入、组织创新重视感、任务绩效、创新绩效）、四因子模型（悖论式领导+创新角色认同+工作投入、组织创新重视感、任务绩效、创新绩效）、三因子模型（悖论式领导+创新角色认同+工作投入+组织创新重视感、任务绩效、创新绩效）、二因子模型（悖论式领导+创新角色认同+工作投入+组织创新重视感、任务绩效+创新绩效）以及单因子模型（悖论式领导+创新角色认同+工作投入+组织创新重视感+任务绩效+创新绩效）相比，具有最好的拟合指数（$\chi^2=298.091, df=194, \chi^2/df=1.537, CFI=0.972, TLI=0.966, RMSEA=0.036, SRMR=0.032$），表明本研究模型所涉及的变量具有较好的区分效度。

表 4-1 子研究一各变量的均值、标准差和相关系数

员工层变量名	M	SD	1	2	3	4	5	6	7	8	9	10
1. 员工性别	1.500	0.501										
2. 员工年龄	30.760	6.952	−0.060									
3. 员工受教育程度	3.580	0.997	−0.121*	−0.171**								
4. 员工组织任期	3.644	4.370	−0.068	0.517**	−0.070							
5. 悖论式领导	3.513	0.482	0.028	0.062	0.011	0.085	(0.919)					
6. 创新角色认同	4.996	1.105	−0.006	−0.008	0.036	0.047	0.346**	(0.842)				
7. 工作投入	4.583	0.935	0.027	−0.008	0.024	0.022	0.369**	0.501**	(0.871)			
8. 任务绩效	3.772	0.718	−0.046	0.032	0.034	0.066	0.405**	0.393**	0.522**	(0.776)		
9. 创新绩效	4.932	0.838	0.018	0.033	0.068	0.151**	0.399**	0.501**	0.581**	0.443**	(0.807)	
团队层变量名	M	SD	1	2	3	4						
1. 领导性别	1.460	0.499										
2. 领导年龄	34.960	7.823	−0.112									
3. 领导受教育程度	3.660	1.134	0.069	0.060								
4. 领导组织任期	5.676	3.901	−0.194**	0.434**	0.117*							
5. 组织创新重视感	5.232	1.167	−0.102	−0.157*	−0.186*	−0.032						(0.869)

注：N(样本数)=419，n(团队数)=84；性别：男=1，女=2；受教育程度：初中及以下=1，高中或中专=2，大专=3，本科=4，硕士=5，博士=6；* 表示 $p<0.05$，** 表示 $p<0.01$；表中"()"中数字为对应的变量信度。

表 4-2 子研究一验证性因子分析结果

模型	χ^2	df	χ^2/df	CFI	TLI	RMSEA	SRMR
六因子模型：PL；RICE；WE；POVC；TP；CP	298.091	194	1.537	0.972	0.966	0.036	0.032
五因子模型：PL，RICE；WE；POVC；TP；CP	768.134	199	3.860	0.085	0.821	0.083	0.066
四因子模型：PL，RICE，WE；POVC；TP；CP	934.053	203	4.601	0.801	0.774	0.093	0.074
三因子模型：PL，RICE，WE，POVC；TP；CP	1978.443	206	9.604	0.519	0.460	0.143	0.145
二因子模型：PL，RICE，WE，POVC；TP，CP	2078.105	208	9.991	0.492	0.436	0.146	0.147
单因子模型：PL，RICE，WE，POVC，TP，CP	2133.382	209	10.208	0.480	0.425	0.148	0.147

注：PL 代表悖论式领导，RICE 代表创新角色认同，WE 代表工作投入，POVC 代表组织创新重视感，TP 代表任务绩效，CP 代表创新绩效。

4.4.3 假设检验

（1）中介效应检验。

本研究运用 Mplus 8.3 构建潜变量结构方程模型。运行结果显示，模型拟合指数均满足建议值（$\chi^2=101.695$、df$=93$、$\chi^2/\mathrm{df}=1.093$、RMSEA$=0.015$、SRMR$=0.025$、CFI$=0.997$、TLI$=0.996$），表明模型能够得到数据支持，分析结果如表 4-3 所示。

表 4-3 子研究一中介效应检验

路径			b	β	SE	t	p
RICE	←	PL	0.404	1.072	0.113	9.461	0.000
WE	←	PL	0.255	0.527	0.133	3.972	0.000
WE	←	RICE	0.519	0.404	0.056	7.160	0.000
TP	←	PL	0.239	0.372	0.109	3.404	0.001
TP	←	RICE	0.035	0.021	0.040	0.520	0.603
TP	←	WE	0.540	0.407	0.072	5.630	0.000

续表

	路径		b	β	SE	t	p
CP	←	PL	0.186	0.372	0.128	2.908	0.004
CP	←	RICE	0.232	0.175	0.070	2.487	0.013
CP	←	WE	0.604	0.585	0.094	6.196	0.000

注：PL 表示悖论式领导，RICE 表示创新角色认同，WE 表示工作投入，TP 表示任务绩效，CP 表示创新绩效。

假设 4-1 提出，悖论式领导与员工任务绩效正相关。从表 4-3 可知，悖论式领导与任务绩效有着显著的正向关系（$b=0.239, p<0.001$）。假设 4-2 提出，悖论式领导与员工创新绩效正相关。从表 4-3 可知，悖论式领导与创新绩效有着显著的正向关系（$b=0.186, p<0.001$）。因此，假设 4-1 和假设 4-2 得到了数据支持。

假设 4-3 提出，悖论式领导与员工创新角色认同正相关。从表 4-3 的结果可知，悖论式领导与创新角色认同有着显著的正向关系（$b=0.404, p<0.001$）。因此，假设 4-3 也得以验证。

假设 4-4 提出，员工创新角色认同与工作投入正相关。从表 4-3 的结果可知，创新角色认同与工作投入有显著的正向关系（$b=0.519, p<0.01$）。因此，假设 4-4 得到了数据的支持。

假设 4-5 提出，员工工作投入与任务绩效正相关。从表 4-3 可知，工作投入与任务绩效有显著的正向关系（$b=0.540, p<0.001$）。因此，假设 4-5 得以验证。

假设 4-6 提出，员工工作投入与创新绩效正相关。从表 4-3 可知，工作投入与创新绩效有显著的正向关系（$b=0.604, p<0.001$）。因此，假设 4-6 得以验证。

进一步对创新角色认同与工作投入在悖论式领导和任务绩效、创新绩效间的链式中介作用进行检验。采用 Bootstrap 法进行 5000 次抽样，估计中介效应 95% 置信区间，若 95% 置信区间不包含 0，表明中介效应显著。从表 4-4 可知，总效应、直接效应、总间接效应的 95% 置信区间均不包含 0，表明总效应、直接效应、总间接效应均显著。

假设 4-7 提出，悖论式领导会通过员工创新角色认同以及工作投入的连续中介作用间接影响任务绩效。从表 4-4 可知，采用 Bootstrap 法进行 5000 次抽样的结果显示，悖论式领导通过员工创新角色认同以及工作投入影响任务绩效的间接效应为 0.113,95% 置信区间为[0.069,0.178]。置信区间均不包含 0,即创新角色认同和工作投入在悖论式领导与任务绩效之间的中介效应显著,假设 4-7 得到了数据的支持。

表 4-4 基于 Bootstrap 法的中介效应检验

	效应	效应量	SE	BC 95% CI Lower	BC 95% CI Upper
因变量:任务绩效	总效应	0.505	0.066	0.33	0.613
	直接效应	0.239	0.072	0.101	0.383
	总间接效应	0.266	0.044	0.195	0.364
	悖论式领导-创新角色认同-任务绩效	0.014	0.029	−0.048	0.071
	悖论式领导-工作投入-任务绩效	0.138	0.037	0.076	0.214
	悖论式领导-创新角色认同-工作投入-任务绩效	0.113	0.027	0.069	0.178
因变量:创新绩效	总效应	0.561	0.077	0.343	0.687
	直接效应	0.186	0.071	0.032	0.326
	总间接效应	0.375	0.053	0.276	0.479
	悖论式领导-创新角色认同-创新绩效	0.094	0.041	0.007	0.173
	悖论式领导-工作投入-创新绩效	0.154	0.045	0.086	0.253
	悖论式领导-创新角色认同-工作投入-创新绩效	0.127	0.030	0.079	0.194

假设 4-8 提出,悖论式领导会通过员工创新角色认同以及工作投入的连续中介作用间接影响创新绩效。从表 4-4 可知,悖论式领导通过员工创新角色认同以及工作投入影响创新绩效的间接效应为 0.127,95% 置信区间为[0.079,0.194]。置信区间均不包含 0,即创新角色认同和工作投入在悖论式领导与创新绩效之间的中介效应显著,假设 4-8 得到了数据的支持。

(2)调节效应检验。

假设 4-9 提出,组织创新重视感会调节悖论式领导与员工创新角色认同之间的关系,当组织创新重视感较高时,悖论式领导与创新角色认同的积极关系将更强。如表 4-5 所示,交互项(悖论式领导×组织创新重视感)对因变量创新角色认同呈显著的正向影响($b=0.388, p<0.01$),说明组织创新重视感在悖论式领导与创新角色认同之间呈显著的正向调节作用。为了更直观地呈现组织创新

重视感对悖论式领导与创新角色认同的调节作用,利用回归系数制作调节效应图(见图 4-2)。结果表明,当组织具有较低的创新重视感时,悖论式领导对员工创新角色认同的正向预测作用更小;当组织具有较高的创新重视感时,悖论式领导对员工创新角色认同的正向预测作用更大。因此,假设 4-9 得到了数据支持。

表 4-5 子研究一调节效应检验

预测变量	因变量 创新角色认同	
控制变量	估计值(b)	标准误
员工性别	−0.112	0.065
员工年龄	−0.003	0.006
员工受教育程度	0.015	0.035
员工组织任期	0.015	0.010
领导性别	0.098	0.151
领导年龄	−0.008	0.009
领导受教育程度	0.106	0.054
领导组织任期	−0.010	0.020
自变量		
悖论式领导	0.694***	0.135
调节变量		
组织创新重视感	0.158	0.084
交互项		
悖论式领导×组织创新重视感	0.388**	0.140

注:N(样本数)=419,n(团队数)=84;* 表示 $p<0.05$,** 表示 $p<0.01$,*** 表示 $p<0.001$。

(3)有调节的中介效应检验。

采用 Mplus 8.3 建立多水平有调节中介模型,分析结果如表 4-6 所示。假设 4-10 提出,组织创新重视感会调节悖论式领导通过创新角色认同、工作投入正向影响任务绩效的间接效应,当组织创新重视感较高时,这一正向的间接效应将更强。采用 Bootstrap 法进行 5000 次抽样的结果显示(见表 4-7),当组织创新重视感较低时,悖论式领导通过创新角色认同、工作投入正向影响任务绩效的间接效应为 0.023,95% 置信区间为[−0.004,0.050];当组织创新重视感较高时,悖论式领导通过创新角色认同、工作投入正向影响任务绩效的间接效应为

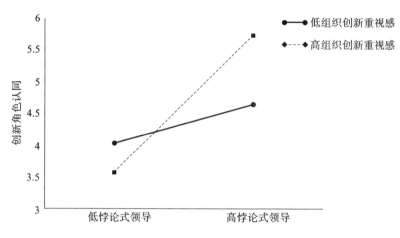

图 4-2 组织创新重视感的调节效应

0.060,95% 置信区间为[0.021,0.099]。两种情况下,间接效应的差值为0.037,95% 置信区间为[0.002,0.072],该间接效应的置信区间不包含0,表明该间接效应的差异显著。因此该有调节的中介效应显著,假设4-10得到了数据支持。

同样,假设4-11提出,组织创新重视感会调节悖论式领导通过创新角色认同、工作投入正向影响创新绩效的间接效应,当组织创新重视感较高时,这一正向的间接效应将更强。同样地,采用Bootstrap法进行5000次抽样的结果显示(见表4-7),当组织创新重视感较低时,悖论式领导通过创新角色认同、工作投入正向影响创新绩效的间接效应为0.022,95%置信区间为[-0.006,0.051];当组织创新重视感较高时,悖论式领导通过创新角色认同、工作投入正向影响创新绩效的间接效应为0.058,95%置信区间为[0.015,0.101]。两种情况下,间接效应的差值为0.036,95%置信区间为[0.001,0.071],该间接效应的置信区间不包含0,表明该间接效应的差异显著。因此该有调节的中介效应显著,假设4-11得到了数据支持。

表 4-6 子研究一有调节的中介效应检验

预测变量	中介变量				因变量			
	创新角色认同		工作投入		任务绩效		创新绩效	
控制变量	估计值	标准误	估计值	标准误	估计值	标准误	估计值	标准误
员工性别	-0.106	0.064	0.022	0.077	-0.052	0.056	0.020	0.050
员工年龄	-0.005	0.006	-0.001	0.005	0.003	0.003	-0.001	0.005
员工受教育程度	0.022	0.036	0.030	0.038	0.027	0.027	0.060*	0.028

续表

预测变量	中介变量				因变量			
	创新角色认同		工作投入		任务绩效		创新绩效	
员工组织任期	0.016	0.010	−0.005	0.007	0.003	0.006	0.017*	0.008
领导性别	0.072	0.180	0.048	0.154	0.021	0.111	0.100	0.146
领导年龄	−0.009	0.010	−0.004	0.007	−0.007	0.005	−0.015*	0.006
领导受教育程度	0.138*	0.064	0.059	0.052	−0.033	0.049	−0.002	0.060
领导组织任期	−0.011	0.025	−0.024	0.022	−0.011	0.016	−0.019	0.019
自变量								
悖论式领导	0.606***	0.118	0.375**	0.136	0.280*	0.122	0.262*	0.132
中介变量								
创新角色认同			0.273***	0.066	0.100	0.052	0.219***	0.056
工作投入					0.251***	0.054	0.243***	0.068
调节变量								
组织创新重视感	0.166*	0.078						
交互项								
悖论式领导×组织创新重视感	0.232*	0.097						

注: N(样本数)=419, n(团队数)=84; * 表示 $p<0.05$, ** 表示 $p<0.01$, *** 表示 $p<0.001$。

表 4-7 子研究一有调节的链式中介效应检验

调节变量:组织创新重视感	效应量	SE	BC 95% CI	
			Lower	Upper
因变量:任务绩效				
低分组	0.023	0.014	−0.004	0.050
高分组	0.060	0.020	0.021	0.099
差值	0.037	0.018	0.002	0.072
因变量:创新绩效				
低分组	0.022	0.014	−0.006	0.051
高分组	0.058	0.022	0.015	0.101
差值	0.036	0.018	0.001	0.071

4.5 结果讨论

本研究主要从创新角色认同这一角色感知出发,探讨悖论式领导对员工任务绩效和创新绩效产生积极影响的内在机制及其边界条件。据此,本研究提出的 11 个研究假设全部得到了数据支持。详细研究验证结果如表 4-8 所示。通过 84 份领导评价和 419 份员工评价的两阶段问卷调查的数据分析结果表明,悖论式领导能够积极影响员工的任务绩效和创新绩效,其中创新角色认同和工作投入能够解释这一积极的链式中介效应,组织创新重视感则是悖论式领导影响员工任务绩效和创新绩效的边界条件。

表 4-8 子研究一假设检验结果汇总表

假设编号	研究假设	验证与否
假设 4-1	悖论式领导与员工任务绩效正相关	得到验证
假设 4-2	悖论式领导与员工创新绩效正相关	得到验证
假设 4-3	悖论式领导与创新角色认同正相关	得到验证
假设 4-4	创新角色认同与工作投入正相关	得到验证
假设 4-5	工作投入与任务绩效正相关	得到验证
假设 4-6	工作投入与创新绩效正相关	得到验证
假设 4-7	悖论式领导会通过创新角色认同以及工作投入的连续中介作用间接影响任务绩效,即悖论式领导主要通过提高员工的创新角色认同提高员工的工作投入,进而提高员工的任务绩效	得到验证
假设 4-8	悖论式领导会通过创新角色认同以及工作投入的连续中介作用间接影响创新绩效,即悖论式领导主要通过提高员工的创新角色认同提高员工的工作投入,进而提高员工的创新绩效	得到验证
假设 4-9	组织创新重视感会调节悖论式领导与创新角色认同之间的关系,当组织创新重视感较高时,悖论式领导与创新角色认同的积极关系将更强	得到验证
假设 4-10	组织创新重视感会调节悖论式领导通过创新角色认同、工作投入正向影响任务绩效的间接效应,当组织创新重视感较高时,这一正向的间接效应将更强	得到验证

续表

假设编号	研究假设	验证与否
假设4-11	组织创新重视感会调节悖论式领导通过创新角色认同、工作投入正向影响创新绩效的间接效应,当组织创新重视感较高时,这一正向的间接效应将更强	得到验证

4.5.1 理论贡献

本研究结果的理论意义具体体现在以下三个方面。

(1) 本研究丰富了现有关于悖论式领导影响结果的研究。本研究的结果证实悖论式领导会对员工的任务绩效和创新绩效产生正向作用。虽然学者们已经就悖论式领导对员工在工作场所的表现影响进行了大量的实证研究,但是这些研究大多聚焦于员工的工作态度(Kan & Parry, 2004; Garg, 2016)、工作投入(Alfes & Langner, 2017; Fürstenberg et al., 2021)、工作角色绩效(Zhang et al., 2015)、创造力(Yang et al., 2021; Shao et al., 2019)、创新行为(Milosevic et al., 2015; Ingram et al., 2016)等,也肯定了悖论式领导对员工绩效和创造力的积极影响,但是鲜有研究探讨悖论式领导是否可以同时提高员工的任务绩效和创新绩效。本研究基于意义建构理论及有关悖论式领导的研究结论,构建并检验了悖论式领导对员工任务绩效和创新绩效影响的理论模型。

(2) 本研究发现员工创新角色认同和工作投入是解释悖论式领导对于员工任务绩效和创新绩效产生影响的潜在机制。悖论式领导为员工提供如何解决竞争性工作需求的角色模型,令员工将领导者视为榜样并且采取相似的模仿性行为。创新角色认同促使员工调用大量的资源,主动融入工作角色和工作任务当中,这些都有利于员工任务绩效和创新绩效的提升。本研究指出,悖论式领导会通过个体意义建构和角色期望影响员工的角色身份认知及其工作投入并最终影响员工的任务绩效和创新绩效。这些研究结果为构建悖论式领导影响员工任务绩效和创新绩效的理论提供了丰富的视角与解释机制,拓展了现有研究成果。

(3) 本研究提出组织创新重视感会影响悖论式领导对员工任务绩效和创新绩效的积极关系。这一方面丰富了悖论式领导在组织中有效性的研究,另一方面为意义建构理论在组织中的作用提供了实证支持。通过对既有悖论式领导研究的梳理,发现悖论式领导对员工工作绩效的有效性会受员工特质、团队工作特征、组织层级文化及环境特征的影响。因此本研究引入组织创新重视感这一组织情境因素,探讨并验证了该变量对悖论式领导影响员工工作绩效的调节效应,丰富了现有的研究成果。

4.5.2 管理启示

本研究的研究结果显示,悖论式领导会通过提高员工的创新角色认同和工作投入进而提高员工的任务绩效和创新绩效。研究结果可能对组织中的管理实践提供如下指导。

(1)本研究提出悖论式领导会提升员工的任务绩效和创新绩效,这意味着组织在挑选部门领导时,需要综合考虑领导候选人对待和处理矛盾的方式。因为领导风格被认为是员工创造性行为的前因(Amabile et al.,2004;Shalley & Gilson,2004),因此我们建议,在组织培训部门领导时,考虑使用悖论的领导原则和行为来培养可以掌握解决常见矛盾的方法以及可以有效应对组织面临的矛盾问题的管理者。以往研究表明,悖论式领导可以同时持有两种矛盾的思想(如保持控制和给予自主权),并将两者结合和整合到更高层次的规划中(Zhang et al.,2021)。在当今不稳定的大环境下,为了能够取得持续的成功,领导者必须具备矛盾的思想并且能够采取综合行为。因此这种思维方式和领导原则的培训显得尤为重要。

(2)员工在领导者意义给赋的基础上,通过自身的意义建构,明确自己的创新角色,增加工作投入,最终提升自己的任务绩效和创新绩效。企业应该意识到,员工对于自身角色的判断和定位会影响其随后的认知和行为,因此,管理者需要通过意义给赋,增强员工的创新角色认同。只有当员工有较高的创新角色认同时,才能形成员工对通过工作实现创新自我的价值认知,激发员工的角色身份一致性需求,促使员工投入大量的时间和精力努力实现预期目标,进而实现较高的工作绩效(Schaufeli & Bakker,2004)。因此,企业领导可以通过与员工的交流,帮助员工进行角色确认,并且提出一些较高的创造性要求,协助其完成更高更难的工作目标。

(3)本研究发现塑造积极的组织创新重视感,更有利于发挥悖论式领导的领导效能,提升员工的任务绩效和创新绩效。组织对创新的重视程度体现了组织对创造性活动的价值导向,对员工的创造性活动具有很强的引导作用。因此,组织管理者需要制定相应的创新鼓励政策,反复强调创造性活动对组织的重要性,表达对员工创造性活动的期望等。这样,员工在接收到组织传递的明确的创造性指示信号后,能够通过正确的意义建构形成创造性自我期待,进而将这种内在的角色认同,转化为外显的绩效表现。

4.5.3 研究不足与未来研究展望

本研究虽然对相关理论和管理实践都做出了一些贡献,但是仍然存在一定的局限性,需要未来的研究进一步丰富与拓展。

(1)虽然本研究探讨了悖论式领导对员工任务绩效和创新绩效的影响,但是本研究的数据均来自中国情境,由于东方文化下个体对于矛盾现象的接受程度普遍较高(Choi et al.,2007;Shao et al.,2019),因此未来研究可以考虑不同文化情境下悖论式领导的影响后果。比如,有研究认为,悖论式领导对员工的影响可能存在双刃剑效应(Shao et al.,2019),由于领导力、个体意义建构以及下属的绩效存在一定的关系(Lord & Hall,2005;Mumford et al.,2007),因此,对于领导者通过自身的意义建构将所理解的组织情境传递给下属,下属进行自身意义建构,从而产生不同的行为后果,本研究并未进行深入探讨。未来研究可以考虑不同文化情境下悖论式领导后果的影响,来检验本研究结果的普适性。

(2)本研究重点关注悖论式领导对员工个体层面的影响,未来研究可将悖论式领导的影响拓展到团队、群体等层面。例如,悖论式领导是否会同时提高团队的任务绩效和创新绩效?同一团队内对不同员工的影响是否存在差异?悖论式领导能否通过"二者都"的管理方式使个体和组织实现共赢?

(3)本研究中员工的任务绩效和创新绩效均是通过团队领导的主观评价而不是客观标准来衡量的。虽然已有研究表明,主观和客观的测量方法都有优势,这取决于研究背景(Elsbach,Kramer,& Elsbach,2012),但是团队领导对员工绩效的评价是主观的,可能会受到员工绩效成就之外的其他因素的影响,从而造成评价偏差。因此,未来的研究可以考虑使用客观数据来衡量员工的任务绩效和创新绩效。

4.6 本章小结

本研究基于意义建构理论和角色认同理论,从创新角色认同这一角色感知出发,探讨了悖论式领导对员工任务绩效和创新绩效产生积极影响的内在机制及其边界条件。通过84份领导评价和419份员工评价的两阶段问卷调查的数据分析结果,本研究验证了悖论式领导能够通过提升员工的创新角色认同提升员工的工作投入,并最终积极作用于员工的任务绩效和创新绩效。而组织创新重视感作为一个重要的情境因素,是悖论式领导影响员工任务绩效和创新绩效的边界条件。本研究一方面丰富了现有悖论式领导影响结果研究,为将来深入探讨悖论式领导对团队及组织层面的任务绩效和创新绩效的影响提供了可供参考的研究方向;另一方面通过对组织创新重视感的跨层调节效应的探讨,拓展了组织创新文化对员工认知和行为的影响研究。

5 悖论式领导——员工绩效之角色自主性路径研究

5.1 问题提出

如前文所述,随着组织复杂化、多样化和动态化的深入,传统"非此即彼"的思维会过度简化管理实践和管理需求(Lewis,2000)。而强调相互对立的要素之间和谐共存的领导方式日益受到组织的青睐,尤其是相互对立的要素和谐共存、亦此亦彼的悖论式领导受到组织和研究者们的高度关注。悖论式领导(paradoxical leadership)是指表面上看来相互矛盾实际上却相互联系的领导行为,这种行为是为了满足持续存在相互矛盾的工作场所的需要(Zhang et al.,2015)。以往大量研究发现,悖论式领导对员工、团队和组织都有积极的影响。例如在个体层面,悖论式领导能够对员工的工作态度(Kan & Parry,2004;Garg,2016)、工作投入(Alfes & Langner,2017;Fürstenberg et al.,2021)、工作角色绩效(Zhang et al.,2015)、创造力(Yang et al.,2021;Shao et al.,2019)、创新行为(Milosevic et al.,2015;Ingram et al.,2016)等产生积极的影响。在团队层面,悖论式领导能够提高团队创新行为(Zhang et al.,2021;罗瑾琏等,2015,2017)和团队创造力(彭伟等,2018)。在组织层面,悖论式领导能够提高组织绩效(Smith & Lewis,2011;Amason,2017)、组织创造力(Knight & Harvey,2015)、组织承诺水平(Smith,2015)、竞争力(Fredberg,2014;Derksen et al.,2017),改善工作环境(Lewis & Smith,2014;Gnyawali et al.,2016;Knight & Paroutis,2017)等。可见,现有研究主要聚焦于探讨悖论式领导的有效性和积极影响,并普遍认为悖论式领导对个体、团队及组织都有积极的影响。

虽然现有研究大多肯定了悖论式领导对员工绩效和创造力的积极影响,但是鲜有研究探讨悖论式领导是否可以同时提高员工的任务绩效和创新绩效。因此,本研究尝试探讨并解决如下问题:悖论式领导是否能够提升员工的任务绩效和创新绩效?如何能提升员工的任务绩效和创新绩效,其作用机制具体是怎样的?该作用机制是否存在理论边界?

针对以上研究问题,本研究将基于意义建构理论和自我决定理论,以悖论式领导和员工绩效的相关文献为基础,探索悖论式领导如何影响员工的任务绩效和创新绩效,同时从角色自主性这一角色感知出发,考虑其潜在的内部机制,即角色自主性和风险承担意愿的连续中介作用。角色自主性是员工在工作中对其工作角色和工作内容的自觉性和控制能力。高自主性可以增强员工的赋权感以及他们对工作的责任感(Hackman & Oldham,1976)。悖论式领导善于在控制性与灵活性之间找到一种平衡,使得员工拥有较多的工作自主裁量权和支配权。因此本研究认为,悖论式领导通过给员工较多的自主裁量权和支配权提高员工的角色自主性。而较高的自主权可以让员工从死板的工作规则中获得自由,并有能力追求新颖的想法(Amabile & Gryskiewicz,1987),从而增强员工的风险承担意愿。风险承担意愿是个体为组织利益努力的一种内在动机(Dewett,2006)。因此,风险承担意愿代表员工具有丰富的内部资源而对潜在风险持开放态度(Dewett,2004)。角色自主性赋予员工对工作的控制权、增加员工的心理资源存量并有利于员工心理资源的恢复(Mache et al.,2020),这种控制感和较多可利用的资源能够促使员工投入具有挑战性的任务中,尝试一些新的方法或程序,从而提升自身的任务绩效和创新绩效。如上所述,本研究认为悖论式领导可能是通过提高员工的角色自主性增强员工的风险承担意愿,最后正向作用于员工的任务绩效和创新绩效。据此,本研究基于意义建构理论和工作特征模型,考察了员工角色自主性和风险承担意愿的链式中介作用这一内在机制。

另外,员工愿意为组织利益而承担风险,是对潜在负面结果具体考量后的理性选择。在能够很好地支持创造性活动的组织环境中,即使存在潜在负面结果,员工也能更好地做出决策,从而有能力提出新的想法和解决方案。因此,风险承担氛围很有可能会影响悖论式领导对员工任务绩效和创新绩效的作用。据此,我们检验了一个组织特征变量——风险承担氛围。在风险承担氛围比较高的环境下,员工的角色自主性对风险承担意愿的积极作用将会更大。而在风险承担氛围比较低的环境下,Ford(1996)认为,习惯性行为仍然更具吸引力,员工可能会更倾向于把日常工作作为最安全的选择,所以他们的风险承担意愿也会随之减弱。基于此,本研究将探讨风险承担氛围对悖论式领导对员工任务绩效和创新绩效产生影响的边界条件。

综上,本研究分析悖论式领导影响员工绩效产出的角色自主性这一角色感知机制,即以角色自主性和风险承担意愿作为中介变量,探讨它们对悖论式领导和员工绩效产出的影响。另外,本研究引入风险承担氛围的概念,研究风险承担氛围对悖论式领导对员工任务绩效和创新绩效影响的边界效应。研究模型如图 5-1 所示。

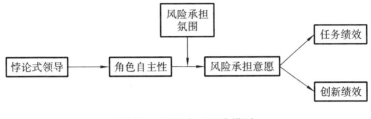

图 5-1　子研究二理论模型

5.2　理论基础与研究假设

本小节首先探讨了悖论式领导通过角色自主性和风险承担意愿这一中介机制对员工任务绩效和创新绩效产生的间接影响。其次检验了一个边界条件,即风险承担氛围对该间接作用的影响。

5.2.1　悖论式领导与角色自主性

角色自主性是员工在工作中对其工作角色和工作内容的自觉性和控制能力(Spreitzer,1995)。角色自主性反映了员工开展工作时拥有选择权,例如对工作方法、进度和努力的选择。已有研究发现,自主性对员工满意度有显著的积极预测作用(Fock et al.,2011;Khany & Tazik,2016)。雷巧玲等(2007)发现自主性对感情承诺和继续承诺均存在正向影响作用。吴志平等(2010)发现自主性对组织承诺有显著的正向影响作用。既有研究表明,领导的特定风格、态度和行为,会直接影响员工对组织的认知和对工作的态度,从而影响员工对工作角色的认知。因此,本研究认为,悖论式领导可能会对角色自主性产生积极的影响。

根据自我决定理论(Deci & Ryan,1985;Ryan & Deci,2000),当外部因素被个体认同时,外部动机才能被个体转化为自主性动机的一部分,个体才会认为该行为是必要的,从而在实践中体会到更强的自我决定感(Gagné & Deci,2005;Deci & Ryan,1985)。悖论式领导的特点之一是善于在控制性与灵活性之间找到一种平衡,这种平衡恰好能够满足员工对自主性和控制性的需求。首先,悖论式领导在加强工作要求的同时允许灵活性。这意味着悖论式领导在工作要求上比较严格,具有明确的、高标准的工作要求,但同时也允许员工灵活处理,例如员工在满足高工作要求时,可以自主地选择工作方法、灵活地安排工作时长、自由地分配工作资源。其次,悖论式领导在允许自主性的同时也保持决策控制。这意味着悖论式领导在重大决策时,保持自己的控制权,但在处理具体工作时,授权给员工,提供给员工承担责任、影响组织过程和结果的机会。悖论式领导的这些行为使得员工拥有较多的工作自主裁量权和支配权。基于以上分析,本研究提出如下假设。

假设 5-1:悖论式领导与角色自主性正相关。

5.2.2 角色自主性与风险承担意愿

风险承担意愿(willingness to take risks)是指个体愿意承担工作中的潜在风险,以努力产生积极的组织相关结果,从而使个体愿意接受负面个人结果的可能性(Dewett,2006)。风险承担意愿不仅会影响个体在意义建构过程中从环境中选择的线索,而且会影响个体对从行动中获得潜在结果的感知(Madjar et al.,2011)。风险对于在工作中从事创造性行为的员工来说是显而易见的(Dewett,2006)。因此,风险承担意愿是指员工在以改进的方式完成工作或实现目标的过程中,冒险尝试自己认为更好的想法的意愿。Kahn(1990)的研究表明,认为自己拥有自主权的员工,同时相信风险承担也会得到积极的支持。同样 Amabile 和 Gryskiewicz(1987)认为,增加自主权可以让个体从死板的工作规则中获得自由,并有能力追求新颖的想法。因此,本研究认为角色自主性可能会对员工的风险承担意愿产生积极的影响。

自我决定理论认为,外部因素对个体拥有的基本需求(胜任需求、自主需求和关系需求)的满足程度决定了该因素被内化的程度,并进一步决定了个体随后的自主性动机水平(Gagné & Deci,2005;Ryan & Deci,2000)。因此,当员工的角色自主性较高时,员工对工作的控制感也随之增加,这种控制感可以激发员工工作的内在动机。由于角色自主性是员工体验到的一种被激发的心理状态,因此这一概念自然涉及内在动机,即员工对工作本身的积极反应所产生的动机(Amabile et al.,1996)。因此,当员工认为组织环境为其提供了一个理想的工作环境,自己可以积极应对工作挑战、专注于工作本身时,他们更有可能产生风险承担意愿。例如有研究发现,对工作拥有较高的掌控感表明个体的基本需求得到了满足,使得员工能够自主选择自己的行动,能够完成富有挑战性的工作(Ryan & Deci,2002)。角色自主性在本质上也增加了员工的心理资源存量,能够帮助员工将更多的资源投入具有挑战性的任务中。有研究发现,自主性会增加员工的角色宽度,将更多的任务整合到核心角色当中,进而促使员工更多地从事角色外行为(Morgeson et al.,2005);另外,自主性有利于员工心理资源的恢复(Mache et al.,2020)。拥有更多自主权将使个体在定义自己的角色方面拥有更大的灵活性,因为他们将有更大的自由性来决定如何执行工作(Troyer et al.,2000)。因此,员工为了获取更多的资源以提升工作绩效,更有可能为尝试一些新的方法或程序而冒险。基于以上分析,本研究提出如下假设。

假设5-2:角色自主性与风险承担意愿正相关。

5.2.3 风险承担意愿与任务绩效和创新绩效

如前文所述,任务绩效和创新绩效被看作是一对矛盾的绩效结果(Bledow et al.,2009)。对新想法和新方案的探索会给行动者提供改进工作的机会但不利于维持高的绩效,而专注于日常任务的完成则会阻碍创新。然而,也有学者提出,有效地实现任务绩效和创新绩效取决于资源的获取(Miron-Spektor et al.,2018)。资源可以是内部资源,也可以是外部资源,内部资源包括员工的心理支持、智力、自尊、技能和动机等(Amabile et al.,1996;Madjar et al.,2011;Baer,2012),外部资源则包括时间和财政资源等(Amabile et al.,1996;Scott & Bruce,1994)。基于此,本研究认为员工的风险承担意愿很可能会对任务绩效和创新绩效有积极的促进作用。

根据 Dewett(2006)的定义,风险承担意愿是个体为组织利益而努力的一种内在动机。因此,风险承担意愿代表了员工因具有丰富的内部资源而对潜在风险持开放态度,这种潜在风险包括员工通过努力可能产生的积极组织结果以及可能产生的消极个人结果(Dewett,2004)。同时,员工提出的新想法和新颖的解决方案,有可能改变既定的秩序,从而使自己处于负面评价中。因此,风险承担意愿与员工的心理安全建构有关,它并不意味着需要员工盲目的冒险意愿或过度的积极情感,而是强调在面对潜在的负面结果时,员工愿意承担潜在的风险。也就是说,员工愿意为组织利益而承担风险,是对潜在负面结果具体考量后的理性选择。因而当员工的风险承担意愿较高时,他们可能会把追求这种相互矛盾的绩效结果作为在工作中取得成功的机会,在更广泛地寻找综合解决方案的过程中获得能量,从而实现卓越的角色内工作绩效和创新。

相比之下,那些缺乏风险承担意愿的员工则可能过度关注如何避免风险和压力,从而使得工作中可用的资源更少。例如有研究发现,愿意冒险的员工倾向于展现超出角色要求和正式期望的行为,而不是遵循规定的工作方法

(Schneider & Reichers,1983)。另外,风险承担意愿增加了员工的认知灵活性,扩大了员工的注意力广度,促使员工更多地关注矛盾要素并且综合地考虑这些矛盾要素(Rothman & Melwani,2017)。研究发现,有效地应对矛盾张力需要员工持续的双循环学习,在强调二者差异的同时也要利用它们的协同效应(Andriopoulos & Lewis,2009)。根据Schneider(1999)的观点,成功的人更有能力面对建设性和扩张性的两极对立,并有效地利用它们来提高绩效和幸福感。因而当员工的风险承担意愿较高时,他们会更广泛地寻找可能的解决方案,以发现对立要素之间的新联系,从而实现任务绩效和创新绩效的双提升。基于以上分析,本研究提出如下假设。

假设5-3:风险承担意愿与任务绩效正相关。

假设5-4:风险承担意愿与创新绩效正相关。

5.2.4　角色自主性与风险承担意愿的连续中介作用

结合假设5-1至假设5-4以及研究一中的假设4-1和假设4-2,本研究推断悖论式领导会通过提高员工的角色自主性和风险承担意愿提高员工的任务绩效和创新绩效。根据意义建构理论(Weick,1995)和自我决定理论(Deci & Ryan,1985),本研究提出悖论式领导会通过意义建构和心理授权影响员工的内在动机并最终影响员工的任务绩效和创新绩效。悖论式领导给予员工工作自主裁量权和支配权,寻求员工和工作之间的最佳配合以产生协同效应,这种角色自主性一方面赋予员工工作控制感,另一方面增加员工正面应对可能的工作风险和压力的心理资源,从而增强员工的风险承担意愿。这些都有利于员工更广泛地寻找外部信息和提升自我,以发现对立要素之间的普遍联系,进而间接提高员工的任务绩效和创新绩效。综上所述,本研究提出如下假设。

假设5-5:悖论式领导会通过角色自主性以及风险承担意愿的连续中介作用间接影响任务绩效,即悖论式领导主要通过提高员工的角色自主性提高员工的风险承担意愿,进而提高员工的任务绩效。

假设5-6:悖论式领导会通过角色自主性以及风险承担意愿的连续中介作用间接影响创新绩效,即悖论式领导主要通过提高员工的角色自主性提高员工的风险承担意愿,进而提高员工的创新绩效。

5.2.5　风险承担氛围的调节作用

意义建构的特征之一——意义建构由可信性而非精确性驱动,说明个体是否参与创造性活动取决于可用的创造性资源(Madjar et al.,2011)。也就是说,个体会将一种情况解释为需要创造性活动,并且只有当他们有可能通过可用的创造性资源产生创造性结果时,个体才会按照这种解释行事。创造性资源是个体从组织环境中提取的线索,表明创造性活动是可取的和被允许的。这种资源的可用性表明,提供这些资源价值的组织已经准备好支持此类活动。如前所述,在能够很好地支持创造性活动的组织环境中,即使存在潜在负面结果,员工也能更好地做出决策,从而更有能力提出新的想法,提出新的解决方案。因此,本研究认为,风险承担氛围能够调节角色自主性对风险承担意愿的积极影响。

在风险承担氛围比较高的环境下,提取的环境线索向员工传递了组织对潜在风险和负面结果的理解和接受程度相对较高的信号(Van Dyck et al.,2005),因而他们更有可能将挑战性活动理解为组织的一种可取行为,并从心理上感到这种活动更安全(Yuan & Woodman,2010),那么他们从事这种活动所消耗的心理资源就会相对较少。具有高度冒险意愿的员工拥有立即抓住每一个机会的勇气,以满足他们对挑战和刺激的需要(Madjar et al.,2011)。因此,在风险承担氛围比较高的环境下,员工的角色自主性对风险承担意愿的积极作用将会更大。而在风险承担氛围比较低的环境下,Ford(1996)认为,习惯性行为仍然更具吸引力,因为进行挑战和刺激活动会不可避免地涉及风险,面临的阻碍也会更高,因此员工为了尽可能避免消耗大量的心理资源,会更倾向于把日常工作作为最安全的选择,所以他们的风险承担意愿也会随之减弱。因此,在风险承担氛围比较低的环境下,员工角色自主性对风险承担意愿的积极作用将会被削弱。基于以上分析,本研究提出如下假设。

假设5-7:风险承担氛围会调节角色自主性与风险承担意愿之间的关系,当组织风险承担氛围较高时,角色自主性与风险承担意愿的积极关系将更强。

综上所述,本研究认为,风险承担氛围是影响悖论式领导通过角色自主性和风险承担意愿间接影响员工任务绩效和创新绩效的重要边界条件。当风险承担氛围比较高时,悖论式领导会增强员工的角色自主性,进而提高员工承担风险的意愿,最终提高员工的任务绩效和创新绩效。相反,当风险承担氛围比较低时,员工尝试新想法的意愿将会降低,因而悖论式领导通过角色自主性和风险承担意愿对员工任务绩效和创新绩效的影响也将会降低。基于以上分析,本研究提出如下假设。

假设5-8:风险承担氛围会调节悖论式领导通过角色自主性、风险承担意愿正向影响任务绩效的间接效应,当风险承担氛围较高时,这一正向的间接效应将更强。

假设 5-9：风险承担氛围会调节悖论式领导通过角色自主性、风险承担意愿正向影响创新绩效的间接效应,当风险承担氛围较高时,这一正向的间接效应将更强。

5.3 研究方法

5.3.1 研究样本与数据收集

为保证研究方法的科学性,本研究采用的是由领导与下属分别填写问卷的两阶段、两来源的数据调研方式,来检验上节所提出的研究假设。本研究选取武汉市内一家大型企业进行调研,该企业是集文化旅游、体育康养、商业贸易等业务于一身的集团公司。本研究调研了这家企业中的 95 个团队,其中销售团队 25 个(26.3%),生产团队 38 个(40.0%),科研团队 20 个(21.1%),职能部门 12 个(12.6%)。每个团队分别由一名团队领导和若干下属组成。在本次调研的 95 个团队中,成员的平均构成为 5 人。

为避免同源误差(common method bias)的问题,本研究采用两阶段、两来源的问卷调查方式进行实证研究。两次调研的间隔时间为 2 周,并且采用领导-下属匹配的方式填写相应的问卷。具体而言,在时间点 1,领导和下属各自填写个人的性别、年龄、受教育程度等人口统计学变量,此外,团队领导报告所在组织的风险承担氛围,下属报告领导的悖论式领导行为。在本阶段,共有 95 个团队领导以及 475 个团队成员填写了调研问卷。在时间点 2(2 周之后),本研究再次对那些在时间点 1 填写了问卷的团队进行调研,团队领导评价下属的工作绩效(任务绩效和创新绩效),下属填写个体的角色自主性和风险承担意愿。在这一阶段,共计 92 个团队领导和 455 个团队成员完成了问卷填答。在录入问卷时发现,有 23 个团队成员的问卷有较多空白,并且所选题项规律性明显,因此本研究最终剔除了这 23 份无效问卷。最后,本研究共回收 88 个团队领导(有效回收率为 92.6%)和 432 个团队成员(有效回收率为 90.9%)的有效问卷数据,平均团队人数为 4.91 人。在 88 个团队领导中,48.9% 为男性,51.1% 为女性,平均年龄为 34.89 岁(标准差为 6.71),平均组织任期为 5.85 年(标准差为 4.46),拥有本科学历的人数占比为 47.1%,拥有硕士及以上学历的人数占比为 23.9%。在

432个团队成员中,46.5%为男性,53.5%为女性,平均年龄为30.89岁(标准差为7.35),平均组织任期为3.88年(标准差为5.12),52.1%的人拥有本科学历,9.2%的人拥有硕士及以上学历。

为确保两阶段上下级匹配的准确性及研究结果的真实性和保密性,本研究采用填写被调查人员的姓氏并加其手机号后四位的方式进行数据采集(如王2413),同时尽可能提供一些补偿措施以提高被调研人员的积极性以及消除他们的相关顾虑。首先,在发放问卷的过程中隔离了团队领导和团队成员,两者在不同地方填写相关问卷。其次,本研究事先给每位参与调研的人员进行编号,并且在数据录入时用编号代替被调研人员的姓名。最后,本研究强调调研活动的科研性和保密性,并提供价值20元的小礼物作为答谢。

5.3.2 变量测量

本研究在文献回顾的基础上,根据概念模型的研究假设,确定调查问卷需要测量的变量,具体包括悖论式领导、角色自主性、风险承担意愿、风险承担氛围、任务绩效和创新绩效。

(1)悖论式领导。

与子研究一保持一致,本研究采用Zhang等(2015)开发的悖论式领导行为量表,该量表共22个题项,包括5个维度,具体为对待下属一致性与个性化相结合(UI)、以自我为中心与以他人为中心相结合(SO)、保持决策控制与允许自主性相结合(CA)、执行工作要求与允许变通相结合(RF)以及保持距离与亲密度相结合(DC)。采用李克特5点制量表进行评价,团队成员对其直属领导进行评价("1"代表"非常不同意","5"代表"非常同意")。代表性题项包括"分配同样的工作量但又考虑到各自的工作能力和长处来应对不同的任务"以及"在重大问题上做出决策但授权下属去处理次为重要的问题"等。本研究中,该量表信度为0.912。

(2)角色自主性。

本研究采用Spreitzer(1995)开发的心理授权量表,该量表共12个题项,包括4个维度,具体为工作意义、自主性、自我效能和工作影响。本研究选取其中的自主性维度来测量角色自主性,该维度包含3个题项。采用李克特5点制量表进行评价,团队成员需要回答他们心理授权的每一条描述("1"代表"非常不符合","5"代表"非常符合")。具体题项包括"我自己可以决定如何着手来做我的工作"和"在决定如何完成我的工作上,我有很大的自主权"等。本研究中,该量表的信度为 0.749。

(3) 风险承担意愿。

本研究采用 Andrews 和 Smith(1996)开发的量表,该量表共 3 个题项。采用李克特 7 点制量表进行评价,团队成员需要回答他们实际情况的每一条描述("1"代表"非常不同意","7"代表"非常同意")。具体题项包括"在提出有关产品的营销开发思路时,我喜欢谨慎行事"和"当我为有关产品的营销计划提出想法时,我倾向于保守地思考"等。本研究中,该量表的信度为 0.744。

(4) 风险承担氛围。

本研究采用 Ibarra 和 Andrews(1993)开发的量表,该量表共 5 个题项。采用李克特 7 点制量表进行评价,团队领导需要回答他们所在公司承担风险的每一条描述("1"代表"非常不同意","7"代表"非常同意")。具体题项包括"我受到鼓励,去表达我对该怎样处理组织事务的看法"和"我不敢尝试提出'有风险'的想法"等。本研究中,该量表的信度为 0.877。

(5) 任务绩效。

与子研究一保持一致,本研究采用 Farh 等(1991)编制的量表,该量表共 3 个题项。采用李克特 5 点制量表进行评价,团队领导需要回答其团队成员工作表现的每一条描述("1"代表"非常不同意","5"代表"非常同意")。具体题项包括"在主要工作职责上工作质量高、品质完美、错误少、正确率高"和"在主要工作职责上工作效率高、执行工作快、工作量大"等。本研究中,该量表的信度为 0.798。

(6) 创新绩效。

与子研究一保持一致,本研究采用 Madjar 等(2011)编制的量表,该量表共 6 个题项。采用李克特 7 点制量表进行评价,团队领导需要回答其团队成员工作表现的每一条描述("1"代表"非常不同意","7"代表"非常同意")。具体题项包括"该员工是高度创新性想法的好来源"和"该员工能轻松完善旧的工作流程,以满足当前的工作需要"等。本研究中,该量表的信度为 0.852。

5.3.3 分析策略

本研究采用 Mplus 8.3 对数据进行路径分析来检验所构建的理论模型。具体来讲,首先,构建一个中介模型来检验假设 5-1 至假设 5-4。该中介模型包括自变量(悖论式领导)、中介变量(角色自主性、风险承担意愿)和结果变量(任务绩效和创新绩效)。其次,采用 Bootstrap 法进行 5000 次抽样,估计中介效应

95%置信区间来检验假设5-5和假设5-6。之后,在上述所构建的中介模型的基础上增加交互项(角色自主性×风险承担氛围)来检验假设5-7,并构建有调节的中介模型来检验假设5-8和假设5-9。由于风险承担氛围属于团队层变量,由团队领导进行评价,因此直接进行跨层次数据分析。最后,本研究同样采用Bootstrap法进行5000次抽样,运用调节变量±1个标准差表示调节变量的高水平和低水平,检验在这两个水平取值条件下二者差值的置信区间是否包含0,若不包含0,表明有调节的中介作用成立。

5.4 研究结果

5.4.1 描述性统计分析

表5-1为本研究所涉及变量的均值、标准差和相关系数。从表5-1可以看出,悖论式领导与角色自主性显著正相关($r=0.433, p<0.01$);悖论式领导与任务绩效显著正相关($r=0.428, p<0.01$);悖论式领导与创新绩效显著正相关($r=0.403, p<0.01$);悖论式领导与风险承担意愿显著正相关($r=0.361, p<0.01$);角色自主性与风险承担意愿显著正相关($r=0.527, p<0.01$);风险承担意愿与任务绩效显著正相关($r=0.512, p<0.01$);风险承担意愿与创新绩效显著正相关($r=0.517, p<0.01$)。以上显著相关关系初步支持了本研究的研究假设。

5.4.2 验证性因子分析

在正式进行假设检验之前,本研究首先运用验证性因子分析对变量进行区分效度检验。从表5-2中可以看出,六因子模型(悖论式领导、角色自主性、风险承担意愿、风险承担氛围、任务绩效、创新绩效)与五因子模型(悖论式领导+角色自主性、风险承担意愿、风险承担氛围、任务绩效、创新绩效)、四因子模型(悖论式领导+角色自主性+风险承担意愿、风险承担氛围、任务绩效、创新绩效)、三因子模型(悖论式领导+角色自主性+风险承担意愿+风险承担氛围、任务绩效、创新绩效)、二因子模型(悖论式领导+角色自主性+风险承担意愿+风险承担氛围、任务绩效+创新绩效)以及单因子模型(悖论式领导+角色自主性+风险承担意愿+风险承担氛围+任务绩效+创新绩效)相比,具有最好的拟合指数

表 5-1 子研究二各变量的均值、标准差和相关系数

员工层变量名	M	SD	1	2	3	4	5	6	7	8	9	10
1. 员工性别	1.530	0.499										
2. 员工年龄	30.890	7.352	−0.035									
3. 员工受教育程度	3.560	0.984	−0.192**	−0.206**								
4. 员工组织任期	3.876	5.120	−0.06	0.561**	−0.056							
5. 悖论式领导	3.526	0.462	−0.049	0.012	−0.036	0.104*	(0.912)					
6. 角色自主性	3.384	0.789	−0.026	−0.034	0.004	0.094*	0.433**	(0.749)				
7. 风险承担意愿	4.757	0.938	0.066	−0.019	−0.043	0.023	0.361**	0.527**	(0.744)			
8. 任务绩效	3.754	0.722	0.043	0.012	0.039	0.096*	0.428**	0.495**	0.512**	(0.798)		
9. 创新绩效	4.901	0.904	0.016	−0.06	0.026	0.039	0.403**	0.488**	0.517**	0.416**	(0.852)	

团队层变量名	M	SD	1	2	3	4	5
1. 领导性别	1.511	0.503					
2. 领导年龄	34.886	6.713	−0.129				
3. 领导受教育程度	3.750	1.253	−0.014	0.125			
4. 领导组织任期	5.851	4.455	−0.245*	0.459**	0.224*		
5. 风险承担氛围	4.491	1.380	−0.035	−0.100	0.109	0.087	(0.877)

注：N(样本数)＝432，n(团队数)＝88；性别：男＝1，女＝2；受教育程度：初中及以下＝1，高中或中专＝2，大专＝3，本科＝4，硕士＝5，博士＝6；*表示 $p<0.05$，** 表示 $p<0.01$；表中"( )"中数字为对应的变量信度。

($\chi^2=311.155, df=174, \chi^2/df=1.788, CFI=0.961, TLI=0.953, RMSEA=0.043, SRMR=0.043$),表明本研究模型所涉及的变量具有较好的区分效度。

表 5-2 子研究二验证性因子分析结果

模型	χ^2	df	χ^2/df	CFI	TLI	RMSEA	SRMR
六因子模型：PL；AU；WTR；RT；TP；CP	311.155	174	1.788	0.961	0.953	0.043	0.043
五因子模型：PL，AU；WTR；RT；TP；CP	543.134	179	3.034	0.897	0.879	0.068	0.060
四因子模型：PL，AU，WTR；RT；TP；CP	656.863	183	3.589	0.865	0.846	0.077	0.064
三因子模型：PL，AU，WTR，RT；TP；CP	1493.352	186	8.029	0.624	0.581	0.127	0.122
二因子模型：PL，AU，WTR，RT；TP，CP	1601.023	188	8.516	0.599	0.552	0.132	0.124
单因子模型：PL，AU，WTR，RT，TP，CP	1604.783	189	8.491	0.598	0.553	0.131	0.124

注：PL 代表悖论式领导，AU 代表角色自主性，WTR 代表风险承担意愿，RT 代表风险承担氛围，TP 代表任务绩效，CP 代表创新绩效。

5.4.3 假设检验

(1) 中介效应检验。

本研究运用 Mplus 8.3 构建潜变量结构方程模型。运行结果显示，模型拟合指数均满足建议值 ($\chi^2=165.001$、$df=94$、$\chi^2/df=1.755$、$RMSEA=0.042$、$SRMR=0.032$、$CFI=0.971$、$TLI=0.963$)，表明模型能够得到数据支持，分析结果如表 5-3 所示。

表 5-3 子研究二中介效应检验

路径			b	β	SE	t	p
AU	←	PL	0.549	0.839	0.135	6.217	0.000
WTR	←	PL	0.120	0.209	0.146	1.433	0.152
WTR	←	AU	0.631	0.720	0.123	5.866	0.000
TP	←	PL	0.207	0.304	0.121	2.515	0.012

续表

路径			b	β	SE	t	p
TP	←	AU	0.249	0.239	0.093	2.567	0.010
TP	←	WTR	0.399	0.335	0.102	3.272	0.001
CP	←	PL	0.193	0.315	0.136	2.311	0.021
CP	←	AU	0.267	0.286	0.125	2.295	0.022
CP	←	WTR	0.460	0.431	0.140	3.074	0.002

注:PL 表示悖论式领导,AU 表示角色自主性,WTR 表示风险承担意愿,TP 表示任务绩效,CP 表示创新绩效。

假设 5-1 提出,悖论式领导与角色自主性正相关。从表 5-3 的结果可以看出,悖论式领导与角色自主性有显著的正向关系($b=0.549, p<0.001$)。因此,假设 5-1 得以验证。

假设 5-2 提出,角色自主性与风险承担意愿正相关。从表 5-3 的结果可以看出,角色自主性与风险承担意愿有显著的正向关系($b=0.631, p<0.001$)。因此,假设 5-2 得以验证。

假设 5-3 提出,风险承担意愿与任务绩效正相关。从表 5-3 的结果可以看出,风险承担意愿与任务绩效有显著的正向关系($b=0.399, p<0.01$)。因此,假设 5-3 得以验证。

假设 5-4 提出,风险承担意愿与创新绩效正相关。从表 5-3 的结果可以看出,风险承担意愿与创新绩效有显著的正向关系($b=0.460, p<0.01$)。因此,假设 5-4 得以验证。

进一步对角色自主性与风险承担意愿在悖论式领导和任务绩效、创新绩效间的链式中介作用进行检验。采用 Bootstrap 法进行 5000 次抽样,估计中介效应 95% 置信区间,若 95% 置信区间不包含 0,表明中介效应显著。从表 5-4 可知,总效应、直接效应、总间接效应 95% 置信区间均不包含 0,表明总效应、直接效应、总间接效应均显著。

假设 5-5 提出,悖论式领导会通过角色自主性以及风险承担意愿的连续中介作用间接影响任务绩效。从表 5-4 可知,角色自主性和风险承担意愿在悖论式领导与任务绩效之间的链式中介作用显著,95% 置信区间为 [0.069, 0.259],不包含 0,效应量为 0.138。因此,假设 5-5 得到了数据的支持。

表 5-4 基于 Bootstrap 法的中介效应检验

	效应	效应量	SE	BC 95% CI	
				Lower	Upper
因变量:任务绩效	总效应	0.530	0.056	0.415	0.636
	直接效应	0.207	0.077	0.046	0.352
	总间接效应	0.322	0.064	0.213	0.471
	悖论式领导-角色自主性-任务绩效	0.137	0.055	0.033	0.248
	悖论式领导-风险承担意愿-任务绩效	0.048	0.035	−0.008	0.135
	悖论式领导-角色自主性-风险承担意愿-任务绩效	0.138	0.047	0.069	0.259
因变量:创新绩效	总效应	0.553	0.068	0.414	0.682
	直接效应	0.193	0.082	0.022	0.353
	总间接效应	0.361	0.070	0.241	0.519
	悖论式领导-角色自主性-创新绩效	0.147	0.067	0.020	0.288
	悖论式领导-风险承担意愿-创新绩效	0.055	0.041	−0.008	0.158
	悖论式领导-角色自主性-风险承担意愿-创新绩效	0.159	0.053	0.077	0.301

假设 5-6 提出,悖论式领导会通过角色自主性以及风险承担意愿的连续中介作用间接影响创新绩效。从表 5-4 可知,角色自主性和风险承担意愿在悖论式领导与创新绩效之间的链式中介作用显著,95% 置信区间为 [0.077, 0.301],不包含 0,效应量为 0.159。因此,假设 5-6 得到了数据支持。

(2)调节效应检验。

假设 5-7 提出,风险承担氛围会调节角色自主性与风险承担意愿之间的关系,当组织风险承担氛围较高时,角色自主性与风险承担意愿的积极关系将更强。从表 5-5 可知,交互项(角色自主性×风险承担氛围)对因变量风险承担意愿呈显著的正向影响($b=0.276, p<0.001$),说明风险承担氛围在角色自主性与风险承担意愿之间呈显著的正向调节作用。为了更直观地呈现风险承担氛围对角色自主性与风险承担意愿的调节作用,本研究利用回归系数制作调节效应图(见图 5-2)。结果表明,无论风险承担氛围水平较高还是较低,角色自主性均显著正向影响风险承担意愿。当风险承担氛围水平较高时,角色自主性对风险承担意愿的正向影响更显著。因此,假设 5-7 得到了数据支持。

表 5-5　子研究二调节效应检验

预测变量	因变量	
	风险承担意愿	
控制变量	估计值	标准误
员工性别	0.080	0.066
员工年龄	0.007	0.005
员工受教育程度	−0.013	0.041
员工组织任期	−0.011	0.011
领导性别	0.005	0.101
领导年龄	0.001	0.007
领导受教育程度	0.010	0.031
领导组织任期	0.018	0.012
自变量		
角色自主性	0.539***	0.050
调节变量		
风险承担氛围	0.017	0.033
交互项		
角色自主性×风险承担氛围	0.276***	0.045

注：N(样本数)＝432，n(团队数)＝88；* 表示 $p<0.05$，** 表示 $p<0.01$，*** 表示 $p<0.001$。

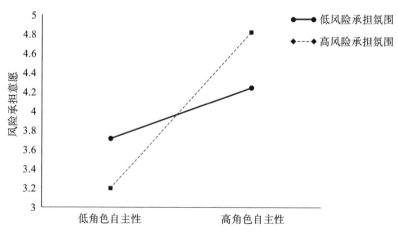

图 5-2　风险承担氛围的调节效应

5 悖论式领导——员工绩效之角色自主性路径研究

(3) 有调节的中介效应检验。

采用 Mplus 8.3 建立多水平有调节中介模型,分析结果如表 5-6 所示。假设 5-8 提出,风险承担氛围会调节悖论式领导通过角色自主性、风险承担意愿正向影响任务绩效的间接效应,当风险承担氛围较高时,这一正向的间接效应将更强。采用 Bootstrap 法进行 5000 次抽样的结果显示(见表 5-7),当风险承担氛围较低时,悖论式领导通过角色自主性、风险承担意愿正向影响任务绩效的间接效应为 0.005,95% 置信区间为 [−0.003,0.013];当风险承担氛围较高时,悖论式领导通过角色自主性、风险承担意愿正向影响任务绩效的间接效应为 0.038,95% 置信区间为 [0.010,0.066]。两种情况下,间接效应的差值为 0.033,95% 置信区间为 [0.006,0.061],该间接效应的置信区间不包含 0,表明该间接效应的差异显著。因此该有调节的中介效应显著,假设 5-8 得到了数据支持。

同样,假设 5-9 提出,风险承担氛围会调节悖论式领导通过角色自主性、风险承担意愿正向影响创新绩效的间接效应,当风险承担氛围较高时,这一正向的间接效应将更强。如表 5-7 所示,当风险承担氛围较低时,悖论式领导通过角色自主性、风险承担意愿正向影响创新绩效的间接效应为 0.007,95% 置信区间为 [−0.004,0.017];当风险承担氛围较高时,悖论式领导通过角色自主性、风险承担意愿正向影响创新绩效的间接效应为 0.051,95% 置信区间为 [0.006,0.096]。两种情况下,间接效应的差值为 0.044,95% 置信区间为 [0.001,0.087],该间接效应的置信区间不包含 0,表明该间接效应的差异显著。因此该有调节的中介效应显著,假设 5-9 得到了数据支持。

表 5-6 子研究二有调节的中介效应检验

预测变量	中介变量				因变量			
	角色自主性		风险承担意愿		任务绩效		创新绩效	
控制变量	估计值	标准误	估计值	标准误	估计值	标准误	估计值	标准误
员工性别	0.008	0.058	0.082	0.065	0.054	0.055	−0.051	0.059
员工年龄	−0.004	0.005	0.006	0.006	0.003	0.003	−0.003	0.005
员工受教育程度	0.022	0.033	−0.013	0.039	0.042	0.024	−0.005	0.032
员工组织任期	0.004	0.006	−0.016	0.011	0.003	0.006	−0.008	0.007
领导性别	0.163	0.102	0.076	0.138	0.086	0.107	−0.005	0.138
领导年龄	−0.015**	0.005	−0.010	0.010	−0.010	0.007	−0.012	0.011
领导受教育程度	−0.058	0.042	−0.031	0.052	−0.073	0.045	−0.038	0.066
领导组织任期	0.027*	0.010	0.040*	0.016	0.021	0.011	0.037*	0.016

续表

预测变量	中介变量				因变量			
	角色自主性		风险承担意愿		任务绩效		创新绩效	
自变量								
悖论式领导	0.321***	0.080	0.130	0.088	0.252***	0.072	0.249**	0.083
中介变量								
角色自主性			0.434***	0.064	0.166***	0.047	0.253***	0.051
风险承担意愿					0.156***	0.039	0.207***	0.075
调节变量								
风险承担氛围			−0.021	0.047				
交互项								
角色自主性× 　风险承担氛围			0.242***	0.050				

注：N(样本数)＝432，n(团队数)＝88；* 表示 $p<0.05$，** 表示 $p<0.01$，*** 表示 $p<0.001$。

表5-7　子研究二有调节的链式中介效应检验

调节变量：风险承担氛围	效应量	SE	BC 95% CI	
			Lower	Upper
因变量：任务绩效				
低分组	0.005	0.004	−0.003	0.013
高分组	0.038	0.014	0.010	0.066
差值	0.033	0.014	0.006	0.061
因变量：创新绩效				
低分组	0.007	0.005	−0.004	0.017
高分组	0.051	0.023	0.006	0.096
差值	0.044	0.022	0.001	0.087

5.5　结果讨论

本章主要从角色自主性这一角色感知出发，探讨悖论式领导对员工任务绩效和创新绩效产生积极影响的内在机制及其边界条件。根据这一研究目标，本章共提出9个研究假设,全部得到了数据的支持。详细研究验证结果如表5-8所示。通过88份领导评价和432份员工评价的两阶段问卷调查的数据分析结果表明,悖论式领导能够积极影响员工的任务绩效和创新绩效,其中角色自主性和风险承担意愿能够解释这一积极的链式中介效应,风险承担氛围则是悖论式领导影响员工任务绩效和创新绩效的边界条件。

表5-8 子研究二假设检验结果汇总表

假设编号	研究假设	验证与否
假设5-1	悖论式领导与角色自主性正相关	得到验证
假设5-2	角色自主性与风险承担意愿正相关	得到验证
假设5-3	风险承担意愿与任务绩效正相关	得到验证
假设5-4	风险承担意愿与创新绩效正相关	得到验证
假设5-5	悖论式领导会通过角色自主性以及风险承担意愿的连续中介作用间接影响任务绩效,即悖论式领导主要通过提高员工的角色自主性来提高员工的风险承担意愿,进而提高员工的任务绩效	得到验证
假设5-6	悖论式领导会通过角色自主性以及风险承担意愿的连续中介作用间接影响创新绩效,即悖论式领导主要通过提高员工的角色自主性来提高员工的风险承担意愿,进而提高员工的创新绩效	得到验证
假设5-7	风险承担氛围会调节角色自主性与风险承担意愿之间的关系,当组织风险承担氛围较高时,角色自主性与风险承担意愿的积极关系将更强	得到验证
假设5-8	风险承担氛围会调节悖论式领导通过角色自主性、风险承担意愿正向影响任务绩效的间接效应,当风险承担氛围较高时,这一正向的间接效应将更强	得到验证
假设5-9	风险承担氛围会调节悖论式领导通过角色自主性、风险承担意愿正向影响创新绩效的间接效应,当风险承担氛围较高时,这一正向的间接效应将更强	得到验证

5.5.1 理论贡献

本研究结果的理论意义主要体现在以下三个方面。

(1)本研究丰富了关于领导力对冲突结果的研究(Schad et al.,2016),如长期与短期有效性(Lorinkova et al.,2013)、角色内(或角色外)与创新绩效

(Somech,2005)、效率与创造力(Li et al.,2018)。研究结果证实了悖论理论的一般概念,即为了实现有效管理,领导者需要结合看似相反但最终互补的行为策略(Smith & Lewis,2011)。同时,本研究基于意义建构理论及悖论式领导领域的相关研究结论,构建并检验了悖论式领导对员工任务绩效和创新绩效影响的理论模型,丰富了有关悖论式领导在组织中影响结果的研究。

(2)本研究发现角色自主性和风险承担意愿是解释悖论式领导对员工任务绩效和创新绩效产生影响的潜在机制。悖论式领导给予员工工作自主裁量权和支配权,寻求员工和工作之间的最佳配合以产生协同效应,这种角色自主性一方面增强员工的工作控制感,另一方面增加员工积极应对可能面临的工作风险和压力的心理资源,从而增强员工的风险承担意愿。这些都有利于更广泛地寻找外部信息和提升自我,从而间接提高员工的任务绩效和创新绩效。本研究指出,悖论式领导会通过意义建构和工作设计影响员工的内在动机并最终影响员工的任务绩效和创新绩效。这些研究结果为构建悖论式领导影响员工任务绩效和创新绩效的理论提供了丰富的视角与解释机制,拓展了现有研究成果。

(3)本研究提出风险承担氛围会影响悖论式领导对员工任务绩效和创新绩效之间的积极关系,为悖论式领导的有效性提供了理论指导和实证支持。本研究发现组织特征变量会影响悖论式领导在组织中的有效性。对悖论式领导相关文献进行梳理,我们发现其边界条件多聚焦于个体特质、组织特征等,仅有少量文献探讨组织情境因素对悖论式领导影响员工绩效的调节作用。因此,本研究引入风险承担氛围这一组织情境因素,探讨并验证了该变量对悖论式领导影响员工绩效的调节作用,丰富了现有的研究成果。

5.5.2　管理启示

研究结果显示,悖论式领导会通过提高员工的工作自主性和风险承担意愿进而提高员工的任务绩效和创新绩效。本研究结果可能对组织中的管理实践提供如下指导。

(1)本研究提出悖论式领导会提升员工的任务绩效和创新绩效,这一发现有助于企业管理者重视发挥悖论式领导的有效性。在日益变化的组织大环境下,传统以控制、命令等为主要方式的领导风格越来越难以适应外部激烈的竞争环境,而强调相互对立的要素和谐共存的领导方式则能够创造性地解决企业面临的问题。因此,企业应该依据实际工作需要,科学合理地甄选、培训管理者。同时,团队领导者也应该改进自身解决常见矛盾的方法,提升自身有效应对组织面临的矛盾问题的能力。

(2)本研究发现较高角色自主性能够提升员工承担风险的意愿,维持较高的任务绩效和创新绩效水平,这启示管理者应该注重组织内工作设计。首先,组织在工作设计中应该增强员工的角色自主性,如采用弹性工作制,倡导员工进行自我管理,自主制定工作计划,提出完成工作的流程和时间。其次,将角色自主性转化为积极面对挑战的驱动力,使工作自主环境下的员工具有明确的奋斗方向和投入挑战性任务的能力和信心。这要求企业管理者为员工提供成长空间,允许员工犯错,并在工作中给予员工明确和建设性的反馈意见。

(3)本研究发现较高组织风险承担氛围,更有利于发挥悖论式领导的领导效能,提升员工的任务绩效和创新绩效。组织风险承担氛围较高,意味着其向员工传递了这样一种信号,即组织对潜在的风险和负面结果的理解和接受程度相对较高(Van Dyck et al.,2005),因而他们更有可能将挑战性活动理解为组织的一种可取行为,并从心理上感到这种活动更安全(Yuan & Woodman,2010)。这启示组织管理者应该为员工营造一个宽松、自由、包容的组织氛围,鼓励员工去冒险和挑战,通过赋予员工自主权促进员工自主承担任务,并调动可用资源为员工提供服务,让具有高度冒险意愿的员工拥有立即抓住每一个机会的勇气,以满足他们对挑战和刺激的需要(Madjar et al.,2011)。

5.5.3 研究不足与未来研究展望

本研究虽然对相关理论和管理实践都做出了一些贡献,但是仍然存在一定的局限,需要未来的研究进一步丰富与拓展。

(1)虽然本研究探讨了悖论式领导对员工任务绩效和创新绩效的影响,但是本研究的数据均来自中国情境,由于东方文化下个体对于矛盾现象的接受程度普遍较高(Choi et al.,2007;Shao et al.,2019),因此未来研究可以考虑不同文化情境下悖论式领导的影响后果。比如,有研究认为,悖论式领导对员工的影响可能存在双刃剑效应(Shao et al.,2019),由于领导力、个体意义建构以及下属的绩效存在一定的关系(Lord & Hall,2005;Mumford et al.,2007),因此,对于领导者通过自身的意义建构将所理解的组织情境传递给下属,下属进行自身意义建构,从而产生不同的行为后果,本研究并未进行深入探讨。未来研究可以考虑在不同文化情境下悖论式领导后果的影响,来检验本研究结果的普适性。

(2)本研究尽管是基于多时间点的数据验证悖论式领导对员工任务绩效和创新绩效的积极影响,但是仍然将悖论式领导视为一种静态的领导行为。然而悖论式领导是一种可能会随着时间的推移，动态地整合矛盾双方的领导行为（Smith et al.，2016；Zhang et al.，2015），因此可将其视为一种动态的领导行为。例如，悖论式领导可能会先设置具有挑战性的目标，迫使员工的表现超出预期，但是必要时会根据情况适当放宽目标要求，这种根据实际情况动态变化的领导行为可能会使员工认知和心理发生动态变化，最终影响员工的行为。因此，未来的研究可以考虑基于动态视角验证悖论式领导对员工任务绩效和创新绩效的积极影响。

(3)梳理以往研究发现，悖论式领导对员工的影响可能会受到具体环境(如层级文化、HRM 系统感知)的调节。本研究提出悖论式领导通过在控制性与灵活性之间找到平衡的方式来影响员工，因此这一过程不可避免地会受到所处组织具体环境的影响。依据意义建构理论，个体会将"情况解释"为需要创造性活动，并且只有当他们有可能通过可用的创造性资源产生创造性结果时，个体才会按照这种解释行事。当风险承担氛围比较高时，悖论式领导会增强员工的角色自主性，进而提高员工的风险承担意愿，最终提高员工的任务绩效和创新绩效。未来研究可以探讨其他边界条件对悖论式领导的调节效应。

5.6 本章小结

本研究基于意义建构理论和自我决定理论，从角色自主性这一角色感知出发，探讨了悖论式领导对员工任务绩效和创新绩效产生积极影响的内在机制及其边界条件。通过 88 份领导评价和 432 份员工评价的两阶段问卷调查的数据分析结果，本研究验证了悖论式领导能够通过增强员工的角色自主性提高员工的风险承担意愿，并最终提高员工的任务绩效和创新绩效。而风险承担氛围作为一个重要的情境因素，是悖论式领导影响员工绩效的边界条件。本研究一方面丰富了现有对悖论式领导影响结果研究，为将来深入探讨悖论式领导对团队及组织层面的任务绩效和创新绩效的影响提供了可供参考的研究方向；另一方面通过对风险承担氛围跨层调节效应的探讨，拓展了组织文化对员工认知和行为的影响研究。

6 悖论式领导——员工绩效之角色冲突路径研究

6.1 问题提出

随着组织环境的复杂化和动态化,员工被期望在完成工作任务的同时做出创造性的贡献(Adler,1993)。只有这样,组织才能在日益激烈的竞争中长期发展。在这样的大环境下,传统以控制、命令等为主要方式的领导风格越来越难以适应外部激烈竞争环境的需求,而强调相互对立的要素和谐共存的领导方式日益受到组织的青睐,尤其是令相互对立的要素和谐共存、亦此亦彼的悖论式领导受到组织和研究者们的高度关注。悖论式领导(paradoxical leadership)是指表面上看来相互矛盾实际上却相互联系的领导行为,这种行为是为了满足持续存在相互矛盾的工作场所的需要(Zhang et al.,2015)。大量研究发现,悖论式领导对个体、团队和组织都有积极的影响。在个体层面,悖论式领导对员工的工作态度(Kan & Parry,2004;Garg,2016)、工作投入(Alfes & Langner,2017;Fürstenberg et al.,2021)、工作角色绩效(Zhang et al.,2015)、创造力(Yang et al.,2021;Shao et al.,2019)、创新行为(Milosevic et al.,2015;Ingram et al.,2016)等都有显著的积极作用。在团队层面,悖论式领导能够提高团队创新行为(Zhang et al.,2021;罗瑾琏等,2015,2017)和团队创造力(彭伟和马越,2018)。在组织层面,悖论式领导可以提高组织绩效(Smith & Lewis,2011;Amason,2017)、组织创造力(Knight & Harvey,2015)、组织承诺水平(Smith,2015)、竞争力(Fredberg,2014;Derksen et al.,2017)以及改善工作环境(Lewis & Smith,2014;Gnyawali et al.,2016;Knight & Paroutis,2017)等。可见,现有研究主要聚焦于探讨悖论式领导的有效性和积极影响,并普遍认为悖论式领导对个体、团队和组织都有积极的影响。

尽管现有研究探讨了悖论式领导对员工绩效和创造力的影响,但是鲜有研究探讨悖论式领导是否可以同时提高员工的任务绩效和创新绩效。因此,本研究将从角色冲突(role conflict)这一角色感知出发,探讨悖论式领导对员工任务绩效和创新绩效产生积极影响的内在机制及其边界条件。

基于意义建构理论和角色理论,本研究以悖论式领导和员工绩效的相关文献为基础,探究悖论式领导是如何影响员工的任务绩效和创新绩效的问题,同时从角色冲突这一角色感知出发,考虑其潜在的内部机制,即角色冲突和情绪耗竭的连续中介作用。角色冲突指的是角色多方期望之间的不兼容性或者单个角色中多方面期望之间的不兼容性(Peterson et al.,1995)。角色冲突主要是由领导和员工对员工工作角色认知的不一致和不兼容导致的(Rizzo et al.,1970)。作为角色压力的一种形式,角色冲突是在工作场所中经常发生的消极事件。悖论式领导能够通过以鼓励员工自主决策、创造性解决问题等为核心的领导行为,向员工传达他们对员工自我决策、自我管理的角色期望,并且通过与下属建立密切关系、鼓励员工自我表达的领导行为让员工加深其对工作角色的理解,从而使得上下级产生角色一致性的认知,进而降低员工的角色冲突。相反,角色冲突高的员工则需要面对领导期望与自身角色认知之间的不一致的问题,需要耗费更多的时间和精力来平衡这种角色认知不一致之间的矛盾,进而产生强烈的角色压力。有研究表明,角色压力对员工的情绪耗竭有正向的促进作用(Cordes & Dougherty,1993;Lee & Ashforth,1996;Posing & Kickul,2003)。情绪耗竭指的是个体的情绪和生理资源被过度使用和耗尽的感觉(Maslach et al.,2001)。具有情绪耗竭体验的个体缺乏活力,伴随着紧张、挫折等心理状态,并认为自己无法继续有效从事相关工作(Cropanzano et al.,2003)。情绪耗竭导致员工无法集中精力工作,进而会对工作绩效产生负面影响(Bakker et al.,2004;Halbesleben & Bowler,2007)。据此,为了探索悖论式领导对员工任务绩效和创新绩效的内在作用机制,本研究基于意义建构理论和角色理论,考察了员工角色冲突和情绪耗竭的链式中介作用这一内在机制。

悖论式领导强调相互对立要素的和谐共存,例如,产品开发人员在开发新产品时被要求既要控制成本又要保证高质量。如果员工有悖论思维,他们可能会理解悖论式领导所传达的要求并且能够将这种要求与自己的能力结合起来从而采取适当的行动。因此,员工的悖论思维可能会影响悖论式领导对员工任务绩效和创新绩效的作用效果。据此,本研究检验了一个个体特征变量——悖论思维。悖论思维(paradox mindset)是指一个人接受矛盾和张力并被其激励的程度(Miron-Spektor et al.,2018)。悖论思维水平低的个体将张力视为困境,并会通过寻求解决冲突和张力引发的不适缓解焦虑,并可能会产生功能失调的反应,进而消耗个体的情绪资源(Vince & Broussine,1996)。悖论思维水平高的个体将张力视为一种自然而持久的状态,不会回避或试图消除张力,而是承认兼顾双方的潜在好处。同时,个体可能从中获得能量,并增加他们完成工作的总体可用资源(Kanfer & Ackerman,1989)。基于意义建构理论,悖论思维能够减少员工对于矛盾和张力的认知障碍和情绪障碍,从而影响悖论式领导通过角色冲突和情绪耗竭对员工绩效产出产生的作用。据此,本研究认为悖论思维会调节悖论式领导对员工任务绩效和创新绩效的间接作用。

综上所述,本研究将结合意义建构理论以及悖论式领导领域研究的相关结论来构建悖论式领导对员工任务绩效和创新绩效的积极影响机制。具体而言,本研究分析悖论式领导影响员工绩效产出的"认知-情绪"路径,即当角色冲突和情绪耗竭作为中介变量时,在悖论式领导和员工绩效产出之间产生的影响。另外,本研究引入悖论思维,研究悖论思维对悖论式领导影响员工任务绩效和创新绩效的边界效应。本研究的理论模型如图6-1所示。

图 6-1 子研究三理论模型

6.2 理论基础与研究假设

本小节首先探讨了悖论式领导通过角色冲突和情绪耗竭这一中介机制对员工任务绩效和创新绩效产生的间接作用。其次检验了一个边界条件,即悖论思维对该间接作用的影响。

6.2.1 悖论式领导与角色冲突

角色冲突指的是角色多方期望之间的不兼容性或者单个角色中多方面期望之间的不兼容性(Peterson et al.,1995)。角色冲突是角色压力的一种形式,是在工作场所中经常发生的消极事件。角色冲突容易引发员工的挫折、担心、害怕等消极情绪,进而导致员工对当前工作的不满和倦怠,从而对工作成果产生负面影响。已有研究表明,角色冲突是影响员工工作满意度的压力源(Fried et al.,

2008;Yun et al.,2007),这是因为角色冲突降低了员工完成工作任务的能力。当员工不能完成工作时,他们很可能在工作中经历负面情绪和焦虑(LePine et al.,2005)。有关领导力的研究表明,领导风格可能在减少角色压力方面起到了重要作用(Pearce,1981)。在与员工互动的过程中,领导者为他们提供了讨论和解决角色冲突的机会(Michaels et al.,1987)。随着互动的增加,员工可以与领导更好地协商,明确他们的角色期望以减少可能的角色冲突(Tackson,1983)。有研究表明,当下属问及与组织成功有关的重要问题时,考虑周到的领导可能对组织承诺产生积极的影响,这反过来又减少了角色冲突和角色压力(Bass,1990)。因此,本研究认为,悖论式领导可能会减少员工的角色冲突。

悖论式领导采取一种动态的"两者都"的方法来解决工作中常见的悖论问题。例如,悖论式领导会根据员工的兴趣分配工作任务,同时确保成员的技能是互补的,以便于成员之间的相互合作。同样,当面临绩效产出的不确定性时,悖论式领导会首先设定一个具有挑战性的目标以使员工的表现超出预期,同时为他们提供额外的支持,甚至在必要的时候放宽目标要求(Zhang et al.,2021)。在这种情况下,悖论式领导在员工的角色设定和选择方面给予了较大的接受度和灵活性,尊重每个成员的独特性,从而减少了员工的角色冲突。同时,悖论式领导鼓励员工发表不同的见解,当员工与悖论式领导频繁互动时,员工就有机会观察拥抱竞争需求,并学习管理这些紧张关系的技巧。在向领导者学习的过程中,员工与悖论式领导形成了对待矛盾的共同看法,从而更容易吸收悖论式领导的思维方式和解决问题的方法,并将他们所掌握的技能应用到自己的工作中。这将进一步缩小上下级角色认知的差异,从而有助于进一步降低员工的角色冲突。基于以上分析,本研究提出如下假设。

假设6-1:悖论式领导与角色冲突负相关。

6.2.2 角色冲突与情绪耗竭

情绪耗竭指的是个体的情绪和生理资源被过度使用和耗尽的感觉(Maslach et al.,2001)。情绪耗竭是个体对长期积累的压力反应的结果,一方面与各种压力源有关,另一方面也与自身应对压力的资源有关。根据意义建构理论,当面对外界刺激因素时,首先,个体对这些因素(压力源)进行评估,以此形成对压力的感知,并确定自己是否有足够的资源和能力应对这些压力。其次,个体将决定采取何种方式应对这些压力,包括改变自身的认知和行为以改变这样的不良处境。因此,情绪耗竭一般情况下被学者们当作一种破坏性的心理状态加以研究。它不仅会影响个体的工作绩效,也会影响个体的心理和生活。现有研究发现,情绪耗竭会降低员工的工作满意度、组织承诺水平、工作绩效、心理健康水平等(Cropanzano et al.,2003;张芳芳等,2015;李霞等,2021),增加员工的负向工作行为,如离职倾向、沉默行为、学术不端等(Cropanzano et al.,2003;易明等,2018;赵君等,2021)。因此,本研究认为角色冲突可能会增加员工的情绪耗竭。

已有研究表明,角色冲突是情绪耗竭重要的前因变量(Jackson & Schuleer,1985;Lee & Ashforth,1996;Peeters et al.,2005)。首先,角色冲突作为一种压力源,会引发个体负面的情绪和认知。角色冲突的来源主要有两种:一种是相同或不同角色要求之间的不相容性,另一种是完成角色要求的时间冲突,即完成其中一个角色要求的同时很难去履行另一个角色的要求(Odriscoll et al.,1992)。如当员工同时承担两种角色,而且感知到这两种角色相互干涉时,会对员工的心理健康水平产生负向影响(Settles et al.,2002)。角色冲突也会增加员工的心理焦虑和心理紧张等(Perrewe et al.,2004)以及降低员工的情感承诺和组织承诺水平(Jex et al.,2003;Lankau et al.,2006)。因此,当员工感知到角色冲突时,他们会消耗大量的情绪和认知资源,来应对这种冲突(Matta et al.,2015),而且会由于大量的资源消耗而导致情绪耗竭。其次,角色冲突作为一种压力源,会对员工争取新资源和克服困难所需的工作资源产生负面影响(Harris et al.,2006)。例如,有研究表明,角色冲突会增加员工与领导互动过程中的不确定性(Schaubroeck et al.,1989)。这种不确定性会增加员工的心理压力,进而降低他们的工作资源。随着工作资源的降低,员工争取新资源和克服困难的动机就会减少。由于员工克服心理压力需要损耗一定的情感资源,这将进一步导致员工的情绪耗竭(Posing & Kickul,2003)。基于以上分析,本研究提出如下假设。

假设6-2:角色冲突与情绪耗竭正相关。

6.2.3　情绪耗竭与任务绩效和创新绩效

根据JD-R模型,当员工心理健康受损,感觉过度劳累时,他们的精力资源可能会枯竭,以至于他们没有足够的、可自由支配的精力来满足他们的绩效要求(Bakker et al.,2014)。在应用JD-R模型研究情绪耗竭的消极绩效后果时,Rhee等(2017)指出,情绪耗竭会对时间和精力提出很高的要求,这会使员工面临的工作压力水平提升,因此经历情绪耗竭的员工会同时面对体力资源和心理资源的消耗。也就是说,情绪过度使用会影响工作绩效,因为精力消耗会影响他们投身于组织设定的绩效标准的能力(Bakker et al.,2004)。相反,那些不觉得工作太累的员工更容易满足组织规定的工作义务,因此他们更有可能表现出更高的工作绩效水平(Rhee et al.,2017)。因此,本研究认为员工的情绪耗竭可能会对任务绩效和创新绩效产生消极的影响。

员工要想维持好的工作绩效,必须要有充足的认知、心理和情绪等资源。有研究发现,体验到情绪耗竭的员工是由于过度使用心理和情绪资源,使其处于工作资源匮乏的疲劳状态(Maslach et al.,2001),这种状态导致员工无法全身心地投入到工作当中(Leiter,1991)。另外有研究证实,当工作需求超过工作资源时,员工的工作绩效就会降低(Babakus et al.,1999;Maslach & Jackson,1985;Wright & Bonett,1997;Wright & Cropanzano,1998),这是因为在工作资源不足的情况下,员工处于工作资源匮乏的状态,他们会倾向于采取回避的应对策略和行为(Berry et al.,2012;Mobley,1982),这些消极应对方式会进一步增加员工的消极情绪,如焦虑、沮丧等,从而降低员工的工作绩效。基于以上分析,本研究提出如下假设。

假设6-3:情绪耗竭与任务绩效负相关。

假设6-4:情绪耗竭与创新绩效负相关。

6.2.4 角色冲突与情绪耗竭的连续中介作用

结合假设6-1至假设6-4以及子研究一中的假设4-1和假设4-2,本研究推断悖论式领导会通过角色冲突以及情绪耗竭的连续中介作用间接影响员工任务绩效和创新绩效。结合意义建构理论(Weick,1995)和JD-R模型(Demerouti,2001),本研究提出悖论式领导会通过缩小上下级角色认知的差异降低员工的角色冲突,进而减少情绪和认知资源消耗来降低员工的情绪耗竭,最后间接提高员工的任务绩效和创新绩效。基于以上分析,本研究提出如下假设。

假设6-5:悖论式领导会通过角色冲突以及情绪耗竭的连续中介作用来间接影响任务绩效,即悖论式领导主要通过降低员工的角色冲突降低员工的情绪耗竭,进而提高员工的任务绩效。

假设6-6:悖论式领导会通过角色冲突以及情绪耗竭的连续中介作用来间接影响创新绩效,即悖论式领导主要通过降低员工的角色冲突降低员工的情绪耗竭,进而提高员工的创新绩效。

6.2.5 悖论思维的调节作用

悖论思维是指一个人接受矛盾和张力并被其激励的程度(Miron-Spektor et al.,2018)。以往研究表明,悖论思维有助于产生积极的结果,如提高员工的创造性工作行为(Liu et al.,2020)、心理弹性和领导效能(Zheng et al.,2018)。因此,悖论思维不仅被视为一种能解决紧张关系的方法,还是一种能够实现积极结果和个人发展的重要途径。悖论思维水平较低的个体会将张力视为困境,因此他们会通过寻求解决冲突和张力引发的不适来缓解焦虑,而这种对于张力的反应可能会带来威胁,并产生功能失调的反应。相反,悖论思维水平高的个体会将张力视为一种自然而持久的状态,因此他们不会回避或试图消除张力,而是承认兼顾双方的潜在好处。例如,悖论思维水平高的员工,在面对既要实现既定的工作绩效,又要学习以发展新的工作技能时,可能会综合绩效目标和学习目标,并在两者之间灵活转换(Miron-Spektoer & Beenen,2015)。据此,本研究认为悖论思维能够调节悖论式领导与员工角色冲突之间的关系。

当员工的悖论思维水平较高时,他们的认知灵活性也会随之提高(Rothman & Melwani,2017),因此员工本身注意力范围就会很广,从而会关注不同的问题并综合地考虑这些问题。在这种情况下,员工对于自身工作角色有较高的认可度和接受度,因而悖论式领导给员工传递的角色期望不会造成员工的角色压力,因而不会有较高的角色冲突感。同时,当员工的悖论思维水平较高时,他们也会有较复杂的思维(Tetlock,Peterson,& Berry,1993)。这种复杂思维使得员工既能识别对立要素之间的区别,又能识别对立要素之间新的联系。他们会建立自身对角色期望之间不相容性的认知,而这种由于角色期望之间不相容而产生的压力感也会随之减弱。因此,员工对悖论式领导的需求会较低,使得悖论式领导的有效性也随之减弱。相反,当员工的悖论思维水平较低时,员工更多依赖于悖论式领导来形成对自身工作角色的认知和理解,吸收悖论式领导的思维方式和解决问题的方法来缩小上下级角色认知的差异。因此,员工对悖论式领导的需求会较高,使得悖论式领导的有效性也随之增强。

因此,本研究认为,当员工的悖论思维水平已经很高时,悖论式领导对降低员工角色冲突的有效性可能会减弱。基于以上分析,本研究提出如下假设。

假设6-7:悖论思维会调节悖论式领导与角色冲突之间的关系,当员工悖论思维较高时,悖论式领导与角色冲突的负向关系将减弱。

综上所述,本研究认为,悖论思维是影响悖论式领导通过角色冲突和情绪耗竭间接影响员工任务绩效和创新绩效的重要边界条件。当员工的悖论思维水平比较低时,悖论式领导会降低员工的角色冲突,进而降低员工的情绪耗竭,最终提高员工的任务绩效和创新绩效。相反,当员工的悖论思维水平比较高时,他们自身对工作角色有足够的认知,因而悖论式领导通过角色冲突和情绪耗竭对员工任务绩效和创新绩效的影响将会减弱。基于以上分析,本研究提出如下假设。

假设6-8:悖论思维会调节悖论式领导通过角色冲突、情绪耗竭正向影响任务绩效的间接效应,当员工悖论思维较高时,这一正向的间接效应将减弱。

假设6-9:悖论思维会调节悖论式领导通过角色冲突、情绪耗竭正向影响创新绩效的间接效应,当员工悖论思维较高时,这一正向的间接效应将减弱。

6.3 研究方法

6.3.1 研究样本与数据收集

为保证研究方法的科学性,本研究采用的是由领导与下属分别填写问卷的两阶段、两来源的数据调研方式,来检验上节所提出的研究假设。本研究的数据来自中国南部地区一家大型高校的 MBA 校友资源,依托于该校友资源,我们对这些校友资源所在的企业进行了网上调研。本研究涉及的调研团队包括销售团队、生产团队、科研团队和职能部门等。

为避免同源误差(common method bias)的问题,本研究采用两阶段、两来源的问卷调查方式进行实证研究。两次调研的间隔时间为2周,并且采用领导-下属匹配的方式填写相应的问卷。具体而言,在时间点1,领导和下属各自填写个人的性别、年龄、受教育程度、工作年限等人口统计学变量,此外,下属报告领导的悖论式领导行为和自身的悖论思维。在本阶段,共有94个团队领导以及470个团队成员填写了调研问卷。在时间点2(2周之后),本研究再次向那些在时间点1填写了问卷的团队进行调研,团队领导评价下属的任务绩效和创新绩效,下属对自己的角色冲突和情绪耗竭进行评价。在这一阶段,共计92个团队458名员工完成了问卷填答。在录入问卷时发现,有29个团队成员的问卷所选题项规律性和矛盾性明显,因此本研究剔除了这29份无效问卷。最后,本研究共回收86个团队领导(有效回收率为91.5%)和429个团队成员(有效回收率为91.3%)的有效问卷数据,平均团队人数为4.99人。在86个团队领导中,

52.4%为男性,47.6%为女性,平均年龄为35.93岁(标准差为8.34),平均组织任期为6.71年(标准差为6.03),拥有本科学历的人数占比为44.3%,拥有硕士及以上学历的人数占比为19.8%。在429个团队成员中,47.1%为男性,52.9%为女性,平均年龄为30.80岁(标准差为7.12),平均组织任期为3.80年(标准差为4.86),49.4%的人拥有本科学历,10.9%的人拥有硕士及以上学历。

为确保两阶段上下级匹配的准确性及研究结果的真实性和保密性,本研究采用填写被调查人员的姓氏并加其手机号后四位的方式进行数据采集(如王2413),同时尽可能提供一些补偿措施以提高被调研人员的积极性以及消除他们的相关顾虑。首先,在发放问卷的过程中隔离了团队领导和团队成员,两者在不同地方填写相关问卷。其次,本研究事先给每位参与调研的人员进行编号,并且在数据录入时用编号代替被调研人员的姓名。最后,本研究强调调研活动的科研性和保密性,并提供价值20元的红包作为答谢。

6.3.2 变量测量

本研究在文献回顾的基础上,根据概念模型的研究假设,确定调查问卷需要统计、测量的变量,具体包括悖论式领导、角色模糊、情绪耗竭、悖论思维、任务绩效和创新绩效。

(1)悖论式领导。

与子研究一保持一致,本研究采用Zhang等(2015)开发的悖论式领导行为量表,该量表共22个题项,包括5个维度,具体为对待下属一致性与个性化相结合(UI)、以自我为中心与以他人为中心相结合(SO)、保持决策控制与允许自主性相结合(CA)、执行工作要求与允许变通相结合(RF)以及保持距离与亲密度相结合(DC)。采用李克特5点制量表进行评价,团队成员对其直属领导进行评价("1"代表"非常不同意","5"代表"非常同意")。代表性题项包括"分配同样的工作量但又考虑到各自的工作能力和长处来应对不同的任务"以及"在重大问题上做出决策但授权下属去处理次为重要的问题"等。本研究中,该量表的信度为0.930。

(2)角色冲突。

本研究采用Peterson和Smith(1995)开发的量表,该量表共3个题项。采用李克特5点制量表进行评价,团队成员需要回答他们实际情况的每一条描述("1"代表"非常不符合","5"代表"非常符合")。具体题项包括"我经常陷入有相互冲突要求的情境中去"和"我会收到两个或更多人的互不相容的请求"等。本研究中,该量表的信度为 0.762。

(3)情绪耗竭。

本研究采用 Maslach 等(1997)编制的工作倦怠量表,该量表共 15 个题项,分为情绪耗竭、去个性化和成就感降低 3 个维度。本研究选取其中的情绪耗竭维度,该维度包含 5 个题项。采用李克特 7 点制量表进行评价,团队成员需要回答他们的工作心理状态与感受的每一条描述("1"代表"从不","7"代表"每天")。具体题项包括"结束一天的工作后,我感到精疲力竭"和"想到要开始新一天的工作,我就会感觉非常累"等。本研究中,该量表的信度为 0.878。

(4)悖论思维。

本研究采用 Miron-Spektor 等(2018)编制的悖论思维量表,该量表共 9 个题项。采用李克特 7 点制量表进行评价,团队成员需要回答他们实际情况的每一条描述("1"代表"非常不同意","7"代表"非常同意")。具体题项包括"通过考虑相互矛盾的观点,我对某一问题的理解更好了"和"我能够在同一时间得心应手地处理相互矛盾的要求"等。本研究中,该量表的信度为 0.898。

(5)任务绩效。

与子研究一保持一致,本研究采用 Farh 等(1991)编制的量表,该量表共 3 个题项。采用李克特 5 点制量表进行评价,团队领导需要回答其团队成员工作表现的每一条描述("1"代表"非常不同意","5"代表"非常同意")。具体题项包括"在主要工作职责上工作质量高、品质完美、错误少、正确率高"和"在主要工作职责上工作效率高、执行工作快、工作量大"等。本研究中,该量表的信度为 0.789。

(6)创新绩效。

与子研究一保持一致,本研究采用 Madjar 等(2011)编制的量表,该量表共 6 个题项。采用李克特 7 点制量表进行评价,团队领导需要回答其团队成员工作表现的每一条描述("1"代表"非常不同意","7"代表"非常同意")。具体题项包括"该员工是高度创新性想法的好来源"和"该员工能轻松完善旧的工作流程,以满足当前的工作需要"等。本研究中,该量表的信度为 0.857。

6.3.3 分析策略

本研究采用 Mplus 8.3 对数据进行路径分析来检验所构建的理论模型。具体来讲,首先,构建一个中介模型来检验假设 6-1 至假设 6-4。该中介模型包括自变量(悖论式领导)、中介变量(角色冲突、情绪耗竭)和结果变量(任务绩效和创新绩效)。其次,采用 Bootstrap 法进行 5000 次抽样,估计中介效应 95% 置信区间来检验假设 6-5 和假设 6-6。随后,在以上中介模型的基础上增加交互项(悖论式领导×悖论思维)来检验假设 6-7,并构建有调节的中介模型来检验假设 6-8 和假设 6-9。最后,本研究同样采用 Bootstrap 法进行 5000 次抽样,运用调节变量±1 个标准差表示调节变量的高水平和低水平,检验在这两个水平取值条件下二者差值的置信区间是否包含 0,若不包含 0,表明有调节的中介作用成立。

6.4 研究结果

6.4.1 描述性统计分析

表 6-1 为本研究所涉及变量的均值、标准差和相关系数。从表 6-1 可以看出,悖论式领导与任务绩效显著正相关($r=0.390, p<0.01$);悖论式领导与创新绩效显著正相关($r=0.410, p<0.01$);悖论式领导与角色冲突显著负相关($r=-0.385, p<0.01$);悖论式领导与情绪耗竭显著负相关($r=-0.397, p<0.01$);角色冲突与情绪耗竭显著正相关($r=0.460, p<0.01$);情绪耗竭与任务绩效显著负相关($r=-0.419, p<0.01$);情绪耗竭与创新绩效显著负相关($r=-0.438, p<0.01$)。以上显著相关关系初步支持了本研究的研究假设。

6.4.2 验证性因子分析

在正式进行假设检验之前,本研究首先运用验证性因子分析对变量进行区分效度检验。从表 6-2 中可以看出,六因子模型(悖论式领导、角色冲突、情绪耗竭、悖论思维、任务绩效、创新绩效)与五因子模型(悖论式领导+角色冲突、情绪耗竭、悖论思维、任务绩效、创新绩效)、四因子模型(悖论式领导+角色冲突+情绪耗竭、悖论思维、任务绩效、创新绩效)、三因子模型(悖论式领导+角色冲突+情绪耗竭+悖论思维、任务绩效、创新绩效)、二因子模型(悖论式领导+角色冲突+情绪耗竭+悖论思维、任务绩效+创新绩效)以及单因子模型(悖论式领导+角色冲突+情绪耗竭+悖论思维+任务绩效+创新绩效)相比,具有最好的拟合指数($\chi^2=420.886, \mathrm{df}=309, \chi^2/\mathrm{df}=1.362, \mathrm{CFI}=0.979, \mathrm{TLI}=0.976, \mathrm{RMSEA}=0.029, \mathrm{SRMR}=0.032$),表明本研究模型所涉及的变量具有较好的区分效度。

表 6-1 子研究三各变量的均值、标准差和相关系数

员工层变量名	M	SD	1	2	3	4	5	6	7	8	9	10
1. 员工性别	1.530	0.500										
2. 员工年龄	30.80	7.123	−0.053									
3. 员工受教育程度	3.540	1.008	−0.168**	−0.152**								
4. 员工组织任期	3.798	4.861	−0.067	0.532**	0.003							
5. 悖论式领导	3.566	0.492	0.036	0.120*	−0.053	0.132**	(0.930)					
6. 角色冲突	3.527	0.873	−0.023	−0.091	−0.017	−0.105*	−0.385**	(0.762)				
7. 情绪耗竭	3.893	1.270	−0.034	−0.053	0.065	−0.051	−0.397**	0.460**	(0.878)			
8. 任务绩效	3.763	0.725	−0.008	0.059	0.029	0.072	0.390**	−0.390**	−0.419**	(0.789)		
9. 创新绩效	4.895	0.946	0.038	0.041	−0.062	0.144**	0.410**	−0.303**	−0.438**	0.470**	(0.857)	
10. 悖论思维	3.520	0.791	−0.066	−0.012	0.066	0.024	0.132**	−0.208**	−0.199**	0.229**	0.166**	(0.898)

注：N(样本数)=429，n(团队数)=86；性别，男=1，女=2；受教育程度：初中及以下=1，高中或中专=2，大专=3，本科=4，硕士=5，博士=6；* 表示 $p<0.05$，** 表示 $p<0.01$；表中 ( ) 中数字为对应的变量信度。

表 6-2 子研究三验证性因子分析结果

模型	χ^2	df	χ^2/df	CFI	TLI	RMSEA	SRMR
六因子模型:PL;RC;EE;PM;TP;CP	420.886	309	1.362	0.979	0.976	0.029	0.032
五因子模型:PL,RC;EE;PM;TP;CP	693.921	314	2.210	0.928	0.919	0.053	0.056
四因子模型:PL,RC,EE;PM;TP;CP	1171.768	318	3.685	0.838	0.821	0.079	0.067
三因子模型:PL,RC,EE,PM;TP;CP	2734.464	321	8.519	0.542	0.500	0.132	0.169
二因子模型:PL,RC,EE,PM,TP;CP	2806.223	323	8.688	0.529	0.488	0.134	0.170
单因子模型:PL,RC,EE,PM,TP,CP	3212.095	324	9.914	0.452	0.407	0.144	0.150

注:PL 代表悖论式领导,RC 代表角色冲突,EE 代表情绪耗竭,PM 代表悖论思维,TP 代表任务绩效,CP 代表创新绩效。

6.4.3 假设检验

(1)中介效应检验。

本研究运用 Mplus 8.3 构建潜变量结构方程模型。运行结果显示,模型拟合指数均满足建议值($\chi^2=158.832$、df=125、$\chi^2/df=1.271$、RMSEA=0.025、SRMR=0.027、CFI=0.989、TLI=0.987),表明模型能够得到数据支持,分析结果如表 6-3 所示。

表 6-3 子研究三中介效应检验

路径			b	β	SE	t	p
RC	←	PL	−0.476	−0.832	0.136	−6.116	0.000
EE	←	PL	−0.246	−0.559	0.179	−3.123	0.002
EE	←	RC	0.448	0.581	0.116	4.998	0.000
TP	←	PL	0.242	0.304	0.104	2.918	0.004
TP	←	RC	−0.248	−0.178	0.057	−3.120	0.002
TP	←	EE	−0.248	−0.137	0.044	−3.117	0.002

续表

路径			b	β	SE	t	p
CP	←	PL	0.339	0.590	0.172	3.423	0.001
CP	←	RC	−0.035	−0.035	0.071	−0.486	0.627
CP	←	EE	−0.384	−0.294	0.064	−4.562	0.000

注:PL 表示悖论式领导,RC 表示角色冲突,EE 表示情绪耗竭,TP 表示任务绩效,CP 表示创新绩效。

假设 6-1 提出,悖论式领导与角色冲突负相关。从表 6-3 的结果可以看出,悖论式领导与角色冲突有着显著的负向关系($b=-0.476, p<0.001$)。因此,假设 6-1 得以验证。

假设 6-2 提出,角色冲突与情绪耗竭正相关。从表 6-3 的结果可以看出,角色冲突与情绪耗竭有着显著的正向关系($b=0.448, p<0.001$)。因此,假设 6-2 得以验证。

假设 6-3 提出,情绪耗竭与任务绩效负相关。从表 6-3 的结果可以看出,情绪耗竭与任务绩效有着显著的负向关系($b=-0.248, p<0.001$)。因此,假设 6-3 得以验证。

假设 6-4 提出,情绪耗竭与创新绩效负相关。从表 6-3 的结果可以看出,情绪耗竭与创新绩效有着显著的负向关系($b=-0.384, p<0.001$)。因此,假设 6-4 得以验证。

进一步对角色冲突与情绪耗竭在悖论式领导和任务绩效、创新绩效间的链式中介作用进行检验。采用 Bootstrap 法进行 5000 次抽样,估计中介效应 95% 置信区间,若 95% 置信区间不包含 0,表明中介效应显著。从表 6-4 可知,总效应、直接效应、总间接效应 95% 置信区间均不包含 0,表明总效应、直接效应、总间接效应均显著。

假设 6-5 提出,悖论式领导会通过角色冲突以及情绪耗竭的连续中介作用间接影响任务绩效。从表 6-4 可知,角色冲突和情绪耗竭在悖论式领导与任务绩效之间的链式中介作用显著,95% 置信区间为[0.021,0.103],不包含 0,效应量为 0.053。因此,假设 6-5 得到了数据的支持。

假设 6-6 提出,悖论式领导会通过角色冲突以及情绪耗竭的连续中介作用间接影响创新绩效。从表 6-4 可知,角色冲突和情绪耗竭在悖论式领导与创新绩效之间的链式中介作用显著,95% 置信区间为[0.047,0.137],不包含 0,效应量为 0.082。因此,假设 6-6 得到了数据的支持。

表 6-4 基于 Bootstrap 法的中介效应检验

	效应	效应量	SE	BC 95% CI	
				Lower	Upper
因变量:任务绩效	总效应	0.474	0.060	0.350	0.586
	直接效应	0.242	0.077	0.092	0.389
	总间接效应	0.232	0.049	0.149	0.341
	悖论式领导-角色冲突-任务绩效	0.118	0.039	0.048	0.201
	悖论式领导-情绪耗竭-任务绩效	0.061	0.026	0.021	0.129
	悖论式领导-角色冲突-情绪耗竭-任务绩效	0.053	0.020	0.021	0.103
因变量:创新绩效	总效应	0.532	0.070	0.382	0.655
	直接效应	0.339	0.091	0.154	0.512
	总间接效应	0.193	0.054	0.096	0.314
	悖论式领导-角色冲突-创新绩效	0.017	0.035	−0.053	0.083
	悖论式领导-情绪耗竭-创新绩效	0.094	0.035	0.037	0.174
	悖论式领导-角色冲突-情绪耗竭-创新绩效	0.082	0.022	0.047	0.137

(2)调节效应检验。

进一步通过 Mplus 8.3 建立潜变量调节模型。假设 6-7 提出,悖论思维会调节悖论式领导与角色冲突之间的关系,当员工悖论思维较高时,悖论式领导与角色冲突的负向关系将减弱。从表 6-5 可知,交互项(悖论式领导×悖论思维)对因变量角色冲突呈显著的正向影响($b=0.254, p<0.01$),说明悖论思维在悖论式领导与角色冲突之间呈显著的正向调节作用。为了更直观地呈现悖论思维对悖论式领导与角色冲突的调节作用,利用回归系制作调节效应(见图 6-2)。结果表明,无论悖论思维水平较高还是较低,悖论式领导均显著负向影响角色冲突。当悖论思维水平较低时,悖论式领导对角色冲突的负向影响更显著。因此,假设 6-7 得到了数据的支持。

表 6-5 子研究三调节效应检验

预测变量	因变量	
	角色冲突	
控制变量	估计值	标准误
员工性别	−0.063	0.079
员工年龄	−0.005	0.007
员工受教育程度	−0.032	0.040
员工组织任期	−0.005	0.009
自变量		
悖论式领导	−0.615***	0.098
调节变量		
悖论思维	−0.185***	0.052
交互项		
悖论式领导×悖论思维	0.254**	0.096

注：N(样本数)=429,n(团队数)=86;* 表示 $p<0.05$,** 表示 $p<0.01$,*** 表示 $p<0.001$。

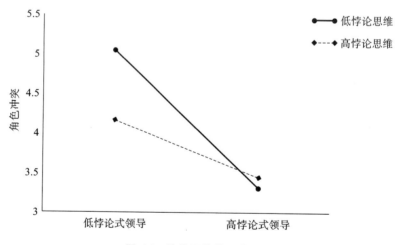

图 6-2 悖论思维的调节效应

(3)有调节的中介效应检验。

采用 Mplus 8.3 建立有调节中介模型,分析结果如表 6-6 所示。假设 6-8 提出,悖论思维会调节悖论式领导通过角色冲突、情绪耗竭正向影响任务绩效的间接效应,当悖论思维较高时,这一正向的间接效应将减弱。如表 6-7 所示,当悖论思维较低时,悖论式领导通过角色冲突、情绪耗竭正向影响任务绩效的间接效应为0.061,95%置信区间为[0.022,0.100];当悖论思维较高时,悖论式领导通过角色冲突、情绪耗竭正向影响任务绩效的间接效应为0.031,95%置信区间为[0.007,0.055]。两种情况下,间接效应的差值为-0.030,95%置信区间为[-0.060,0.000],该间接效应的置信区间不包含0,表明该间接效应的差异显著。因此该有调节的中介效应显著,假设6-8得到了数据支持。

同样,假设6-9提出,悖论会调节悖论式领导通过角色冲突、情绪耗竭正向影响创新绩效的间接效应,当悖论思维较高时,这一正向的间接效应将减弱。如表6-7所示,当悖论思维较低时,悖论式领导通过角色冲突、情绪耗竭正向影响任务绩效的间接效应为0.098,95%置信区间为[0.045,0.151];当悖论思维较高时,悖论式领导通过角色冲突、情绪耗竭正向影响任务绩效的间接效应为0.050,95%置信区间为[0.015,0.085]。两种情况下,间接效应的差值为-0.048,95%置信区间为[-0.092,-0.004],该间接效应的置信区间不包含0,表明该间接效应的差异显著。因此该有调节的中介效应显著,假设6-9得到了数据支持。

表6-6 子研究三有调节的中介效应

预测变量	中介变量				因变量			
	角色冲突		情绪耗竭		任务绩效		创新绩效	
	估计值	标准误	估计值	标准误	估计值	标准误	估计值	标准误
控制变量								
员工性别	-0.063	0.079	-0.012	0.109	-0.027	0.063	0.028	0.081
员工年龄	-0.005	0.007	0.002	0.008	0.001	0.005	-0.012*	0.006
员工受教育程度	-0.032	0.040	0.073	0.051	0.037	0.033	-0.039	0.039
员工组织任期	-0.005	0.009	0.004	0.013	0.001	0.007	0.027*	0.011
自变量								
悖论式领导	-0.615***	0.098	-0.662***	0.152	0.325***	0.088	0.492***	0.127
中介变量								
角色冲突			0.530***	0.082	-0.157***	0.041	-0.064	0.046
情绪耗竭					-0.142***	0.032	-0.227***	0.043
调节变量								
悖论思维	-0.185***	0.052						
交互项								
悖论式领导×悖论思维	0.254**	0.096						

注:N(样本数)=429,n(团队数)=86;* 表示 $p<0.05$,** 表示 $p<0.01$,*** 表示 $p<0.001$。

表 6-7　子研究三有调节的链式中介效应检验

调节变量:悖论思维	效应量	SE	BC 95% CI	
			Lower	Upper
因变量:任务绩效				
低分组	0.061	0.020	0.022	0.100
高分组	0.031	0.012	0.007	0.055
差值	−0.030	0.015	−0.060	0.000
因变量:创新绩效				
低分组	0.098	0.027	0.045	0.151
高分组	0.050	0.018	0.015	0.085
差值	−0.048	0.022	−0.092	−0.004

6.5　结果讨论

本研究主要从角色冲突这一角色感知出发,探讨悖论式领导对员工任务绩效和创新绩效产生积极影响的内在机制及其边界条件。据此,本研究提出的 9 个研究假设全部得到了数据的支持。子研究三假设检验结果如表 6-8 所示。通过 86 份领导评价和 429 份员工评价的两阶段问卷调查的数据分析结果表明,悖论式领导能够积极影响员工的任务绩效和创新绩效,其中角色冲突和情绪耗竭能够解释这一积极的链式中介效应,员工的悖论思维则是悖论式领导影响员工任务绩效和创新绩效的边界条件。

表 6-8　子研究三假设检验结果汇总表

假设编号	研究假设	验证与否
假设 6-1	悖论式领导与角色冲突负相关	得到验证
假设 6-2	角色冲突与情绪耗竭正相关	得到验证
假设 6-3	情绪耗竭与任务绩效负相关	得到验证
假设 6-4	情绪耗竭与创新绩效负相关	得到验证
假设 6-5	悖论式领导会通过角色冲突以及情绪耗竭的连续中介作用间接影响任务绩效,即悖论式领导主要通过降低员工的角色冲突来降低员工的情绪耗竭,进而提高员工的任务绩效	得到验证

续表

假设编号	研究假设	验证与否
假设6-6	悖论式领导会通过角色冲突以及情绪耗竭的连续中介作用间接影响创新绩效,即悖论式领导主要通过降低员工的角色冲突来降低员工的情绪耗竭,进而提高员工的创新绩效	得到验证
假设6-7	悖论思维会调节悖论式领导与角色冲突之间的关系,当员工悖论思维较高时,悖论式领导与角色冲突的负向关系将减弱	得到验证
假设6-8	悖论思维会调节悖论式领导通过角色冲突、情绪耗竭正向影响任务绩效的间接效应,当员工悖论思维较高时,这一正向的间接效应将减弱	得到验证
假设6-9	悖论思维会调节悖论式领导通过角色冲突、情绪耗竭正向影响创新绩效的间接效应,当员工悖论思维较高时,这一正向的间接效应将减弱	得到验证

6.5.1 理论贡献

本研究结果的理论意义主要体现在以下三个方面。

(1)本研究引入意义建构理论就悖论式领导对员工任务绩效和创新绩效的影响激励进行阐释,将该理论拓展到了领导领域的研究。个体的意义建构是一个持续的过程,总是发生在一个社会环境中,受到定义该环境的规则和资源的影响(Maitlis et al.,2013),并最终形成对该环境的一致、共享的理解。这种理解以一种有意义和可操作的方式将线索和框架连接起来(Weick et al.,2005)。当员工具备良好的意义建构能力时,他们就会对复杂矛盾的环境形成客观清晰的认识,并且能够理性地应对。当员工不具备良好的意义建构能力时,他们就会在复杂矛盾的环境中迷失自我,进而疲于应对这种环境。本研究结果为解释在面对组织张力时,有的员工可能会被激发潜力而达到最佳绩效,有的员工可能会引发焦虑从而增加压力和防御反应的现象提供了理论依据。

(2)本研究发现角色冲突和情绪耗竭是解释悖论式领导对员工任务绩效和创新绩效产生影响的潜在机制。悖论式领导会通过缩小上下级角色认知的差异降低员工的角色冲突,进而减少情绪和认知资源消耗来降低员工的情绪耗竭,最后间接提高员工的任务绩效和创新绩效。本研究指出,悖论式领导会通过意义建构和角色认知影响员工的情绪反应并最终影响员工的任务绩效和创新绩效。

这些研究结果为构建悖论式领导影响员工任务绩效和创新绩效的理论提供了丰富的视角与解释机制,拓展了现有研究成果。

(3)本研究提出悖论思维会影响悖论式领导对员工任务绩效和创新绩效之间的积极关系,为悖论式领导的有效性提供了理论指导和实证支持。本研究发现个体特征变量会影响悖论式领导在组织中的有效性。梳理以往有关悖论式领导对员工绩效影响的研究,我们发现个体特质变量多集中在员工对组织环境的感知(如心理安全感)、认知结构(如调节焦点、认知闭合需求)等边界条件。本研究聚焦于个体理解张力的方式,引入悖论思维这一个体特征变量,探讨并验证了这一变量在悖论式领导与员工绩效之间的调节作用,丰富了现有的研究成果。

6.5.2 管理启示

本研究的结果显示,悖论式领导会通过减少员工的角色冲突和情绪耗竭进而提高员工的任务绩效和创新绩效。本研究结果可能对组织中的管理实践提供如下指导。

(1)本研究提出角色冲突和情绪耗竭是解释悖论式领导对员工任务绩效和创新绩效产生影响的潜在内部机制,这启示企业管理者应该注重与员工的信息交流和互动,形成上下级共同的角色理解和认知,避免因角色不相容而增加员工的心理焦虑和心理紧张等情绪,并进一步对员工的认知、情绪和行为产生消极影响。因此,企业管理者可以通过与员工及时沟通、了解员工的角色压力、帮助员工厘清所面临的角色问题及形成对所处角色的共同看法,确保员工角色压力在其可承受范围内,从而避免角色不相容而给员工带来的角色冲突,导致其情绪耗竭并最终降低工作绩效。

(2)随着我们所处环境的复杂化和多样化,员工面临的压力也越来越多,其中角色冲突就是在工作场所中常见的一种压力。因此,领导者和员工都需要寻求解决这种张力的策略,以减少他们所面临的挫折并发挥巨大的潜力。这启示企业管理者应该强调悖论思维在解决张力中的作用,强调有效地处理工作中面临的各种张力取决于一种能够接受这些张力的心态。考虑到悖论思维可以通过培养获得,组织可以将悖论思维培训整合到员工发展计划中,以加强员工对自己和组织所面临问题的正确理解。注重有效的信息交流,以减少员工在面临张力时的情绪紧张和冲突。

(3)本研究的结果表明,悖论式领导有效地发挥受个体特质的影响,需要全面、辩证地看待悖论式领导对员工的作用。对于悖论思维水平已经很高的员工,悖论式领导应该减少自身的影响,放手让下属发挥自身的优势;而对于悖论思维水平较低的员工,其更多依赖于悖论式领导以形成其对自身工作角色的认知和理解,吸收悖论式领导的思维方式和解决问题的方法。因此,企业管理者在安排工作任务时,需要根据领导和下属双方的情况分派任务,从而实现员工绩效的最优化。

6.5.3 研究不足与未来研究展望

(1)本研究尽管是基于多时间点的数据验证悖论式领导对员工任务绩效和创新绩效的积极影响,但是仍然将悖论式领导视为一种静态的领导行为。然而悖论式领导是一种可能会随着时间推移,动态地整合矛盾双方的领导行为(Smith et al.,2016;Zhang et al.,2015),因此可将其视为一种动态的领导行为。例如,悖论式领导可能会预先设置一些具有挑战性的目标,迫使员工认真对待并努力表现以达到预期目标,但是必要时会根据情况适当放宽目标要求,这种根据实际情况变化的领导行为可能会使员工认知和心理发生相应的变化,最终影响员工行为。因此,未来的研究可以考虑基于动态视角验证悖论式领导对员工任务绩效和创新绩效的积极影响。

(2)本研究中员工的任务绩效和创新绩效均是由团队领导的主观评价而不是客观标准来衡量的。虽然已有研究表明,主观和客观的测量方法各有优势,这取决于研究背景(Elsbach et al.,2012),但是团队领导对员工绩效的评价是主观的,可能会受到员工绩效成就之外的其他因素的影响,从而造成评价偏差。因此,未来的研究可以考虑使用客观数据来衡量员工的任务绩效和创新绩效。

(3)本研究指出员工特质会影响悖论式领导与员工绩效的关系。未来研究可以更加深入探讨悖论思维和潜在的支持性认知、个体行为和组织因素之间的关系,以丰富研究者对悖论思维如何影响员工行为和组织结果的理解。例如,个体对任务和冲突的反应方式会影响他们的创造力(Paletz et al.,2014)、决策(Savary et al.,2015)和整体表现(Jehn et al.,2010),因此未来研究可以探讨悖论思维对组织和团队环境中冲突的影响。另外,考虑到悖论思维的个体差异,未来研究可以尝试区分个体表达矛盾心理的积极和消极后果(Ashforth et al.,2014;Rothman & Melwani,2017)。

6.6 本章小结

本研究基于意义建构理论和角色理论,从角色冲突这一角色感知出发,探讨了悖论式领导对员工任务绩效和创新绩效产生积极影响的内在机制及其边界条件。通过 86 份领导评价和 429 份员工评价的两阶段问卷调查的数据分析结果,本研究验证了悖论式领导能够通过降低员工的角色冲突降低员工的情绪耗竭,并最终积极作用于员工的任务绩效和创新绩效。而悖论思维作为一个重要的个体因素,是悖论式领导影响员工任务绩效和创新绩效的边界条件。本研究一方面丰富了现有针对悖论式领导影响结果的研究,为将来深入探讨悖论式领导对团队及组织层面任务绩效和创新绩效的影响提供了可能的研究方向;另一方面通过探讨悖论思维的调节效应,拓展了个体特质对员工认知和行为的影响研究。

7 结论与展望

本研究旨在在意义建构视角下,深入探究悖论式领导影响员工任务绩效和创新绩效的内部作用机制和理论边界。通过三个子研究,本研究探讨了悖论式领导对员工任务绩效和创新绩效的影响存在三种角色感知路径,揭示了个体特质和组织特征是影响悖论式领导发挥有效性的关键因素,丰富了悖论式领导的理论研究,促进了实践应用。

7.1 总体研究结论

本研究在意义建构理论的基础上共构建了 29 个理论假设。通过多源(领导与下属)、多时点(两阶段)的问卷调查法进行了三个实证研究,并且所提出的假设都得到了数据的支持和验证。根据这些研究成果,本研究提出以下结论。

(1)悖论式领导对员工任务绩效和创新绩效的影响存在三种角色感知路径。第一种路径是创新角色认同路径,即悖论式领导通过为员工提供解决竞争性工作需求的角色模型,令员工将领导者视为榜样并且采取相似的模仿性行为来提升员工的创新角色认同。创新角色认同促使员工调用大量的资源,主动融入工作角色和工作任务当中,这些都将有利于员工任务绩效和创新绩效的提升。第二种路径是角色自主性路径,即悖论式领导给予员工工作自主裁量权和支配权,寻求员工和工作之间的最佳配合以产生协同效应,这种角色自主性不仅增强了员工的工作控制感,而且增加了员工积极应对可能面临的工作风险和压力的心理资源,从而增强员工的风险承担意愿。这些都有利于员工更广泛地寻找外部信息和提升自我,从而间接提高员工的任务绩效和创新绩效。第三种路径是角色冲突路径,即悖论式领导会通过缩小上下级角色认知的差异来降低员工的角色冲突,进而减少情绪和认知资源消耗来降低员工的情绪耗竭,最后间接提高员工的任务绩效和创新绩效。

(2)组织特征是影响悖论式领导有效性的关键外部因素。具体而言,本研究发现组织创新重视感及风险承担氛围是悖论式领导在组织中有效性发挥的边界条件。当悖论式领导处于创新重视程度较高或风险承担氛围较高的组织环境中时,领导者会积极搜寻与问题解决有关的信息和资源,积极评估并回应下属提出的想法和建议。当员工通过对悖论式领导及组织环境的解读认识到创造性问题解决对提升组织整体绩效的重要性时,他们会将这种外在的创造性需求内化为个体的内在认知和动机,从而进一步提升悖论式领导对员工任务绩效和创新绩效的积极影响。

(3)个体特质会影响悖论式领导在组织中的有效性。本研究发现,当员工的悖论思维水平较高时,他们会有较高的认知灵活性、注意力广度和较复杂的思维,使得员工可以关注不同的问题并综合地考虑这些问题,既能识别对立要素之间的区别,又能识别对立要素之间新的联系。他们会建立自身对各个角色期望之间不相容性的认知,而这种由于角色之间不相容而产生的压力感也会随之减弱,因此,员工对悖论式领导的需求会较低,使得悖论式领导的有效性也随之减弱。相反,当员工的悖论思维水平较低时,员工更多依赖于悖论式领导来形成自身对工作角色的认知和理解,吸收悖论式领导的思维方式和解决问题的方法来缩小上下级角色认知的差异,因此,员工对悖论式领导的需求会较高,使得悖论式领导的有效性也随之增强。

7.2 理论贡献

通过探讨悖论式领导与员工任务绩效和创新绩效关系、内部机制和边界条件,本研究主要有如下贡献。

(1)本研究丰富了现有悖论式领导影响结果研究,将其扩展到对冲突结果的研究。本研究结果证实了悖论理论的一般概念,即为了实现有效管理,领导者需要结合看似相反但最终互补的行为策略(Smith & Lewis,2011)。虽然学者们已经就悖论式领导对员工在工作场所的表现影响进行了大量的实证研究,但是这些研究大多聚焦于员工的工作态度(Kan & Parry,2004;Garg,2016)、工作投入(Alfes & Langner,2017;Fürstenberg et al.,2021)、工作角色绩效(Zhang et al.,2015)、创造力(Yang et al.,2021;Shao et al.,2019)、创新行为(Milosevic et al.,2015;Ingram et al.,2016)等,也肯定了悖论式领导对员工绩效和创造力的积极影响,但是鲜有研究探讨悖论式领导是否可以同时提高员工的任务绩效和创新绩效。本研究基于意义建构理论及悖论式领导领域的相关研究结论,构建并检验了悖论式领导对员工任务绩效和创新绩效影响的理论模型,丰富了有关悖论式领导在组织中影响结果的研究。

(2)本研究拓展和丰富了意义建构理论应用,将该理论运用到了领导领域的研究。个体的意义建构是一个持续的过程,总是发生在一个社会环境中,受定义该环境的规则和资源的影响(Maitlis et al.,2013),并最终形成对该环境的一致、共享的理解。这种理解以一种有意义和可操作的方式将线索和框架连接起来(Weick et al.,2005)。当员工具备良好的意义建构能力时,他们就会对复杂矛盾的环境形成客观清晰的认识,并且能够理性地应对。当员工不具备良好的意义建构能力时,他们就会在复杂矛盾的环境中迷失自我,进而疲于应对。本研究结果为解释在面对组织张力时,有的员工可能会被激发潜力而达到最佳绩效,有的员工可能会引发焦虑从而增加压力和防御反应的现象提供了理论依据。

(3)本研究拓展和丰富了悖论式领导对员工绩效产出的影响机制。在意义建构理论的基础上,本研究发展出了"环境扫描(领导风格)—解释信息(角色认知)—采取行动(反应)—行动结果(绩效)"的个体意义建构路径,即悖论式领导对员工绩效产出的影响可以从三种角色感知路径进行解释。具体来讲,本研究首先探讨了悖论式领导通过提升员工创新角色认同,增加员工工作投入,积极作用于工作绩效的内在机制;其次探讨了悖论式领导通过增强工作自主性,提升员工风险承担意愿,积极作用于工作绩效的内在机制;最后探讨了悖论式领导通过减少员工角色冲突,降低员工情绪耗竭,积极作用于工作绩效的内在机制。本研究聚焦于悖论式领导,在现有研究的基础上,探讨并验证了悖论式领导对员工绩效产出的各种可能影响机制,拓展和丰富了现有的研究,也为今后探讨悖论式领导对其他冲突结果(如长期与短期收益)的研究提供了丰富的理论视角。

(4)本研究从个体因素和组织因素两个层面探讨了悖论式领导对员工绩效产出影响的重要边界条件,为悖论式领导的有效性提供了理论指导和实证支持。本研究发现员工特质和组织特征会影响悖论式领导在组织中的有效性。具体而言,员工的悖论思维会削弱悖论式领导对绩效结果的积极影响,组织创新重视感和风险承担氛围则会增强悖论式领导对绩效结果的积极影响。这些研究成果不仅丰富了有关悖论式领导有效性的研究,也为意义建构理论在领导领域的有效性提供了实证支持。

7.3 管 理 启 示

本研究预期对企业的管理实践有如下实践意义和参考价值。

(1)挑选部门领导的实践启示。本研究发现悖论式领导会提升员工的任务绩效和创新绩效,这意味着组织在挑选部门领导时,需要综合考虑领导候选人对待和处理矛盾的方式。因为领导风格被认为是员工创造性行为的前因(Amabile et al.,2004;Shalley & Gilson,2004),所以我们建议,在组织甄选部门领导时,考虑善于使用悖论的领导原则和行为来培养可以掌握解决常见矛盾的方法以及有效应对组织面临的矛盾问题的管理者。在当今不稳定的大环境下,为了取得持续的成功,领导者必须具备矛盾的思想并且能够采取综合行为。因此具备悖论思维方式和领导原则的管理者显得尤为重要。

(2)员工学习和培训的实践启示。随着我们所处环境的复杂化和多样化,员工面临着各种各样复杂的问题。因此,领导者和员工都需要寻求解决矛盾问题的策略,以减少他们所面临的挫折并发挥自身巨大的潜力。这启示企业管理者需要通过意义给赋,强调辩证地看待问题并寻求解决张力的方法,强调有效地处理工作中面临的各种张力取决于能够接受这些张力的心态。考虑到悖论思维可以通过培养获得,组织可以将悖论思维培训整合到员工发展计划中,以加强员工对自己和组织所面临问题的正确理解。注重有效的信息交流,以减少在面临张力时的情绪紧张和冲突。

(3)重视组织设计的实践启示。首先,组织在工作设计中应该增强员工的自主性,如采用弹性工作制,倡导员工进行自我管理,自主制定工作计划,提出完成工作的流程和时间。其次,将员工的自我管理转化为积极面对挑战的驱动力,使工作自主环境下的员工具有明确的奋斗方向及投入挑战性任务的能力和信心。这要求企业管理者为员工提供成长空间和相匹配的资源支持,并在工作中给予员工明确和具有建设性的反馈意见。

(4)塑造合适组织氛围的实践启示。本研究发现具有较高创新重视感和风险承担氛围的组织,更有利于发挥悖论式领导的领导效能,提升员工的任务绩效和创新绩效。这启示组织管理者应该为员工营造一个宽松、自由、包容的组织氛围,鼓励员工去冒险和挑战,通过赋予员工自主权促进员工自主承担任务,并调动可用资源为员工提供服务,让具有高度冒险意愿的员工拥有立即抓住每一个机会的勇气,以满足他们对挑战和刺激的需要(Madjar et al.,2011)。同时,制定相应的创新鼓励政策,反复强调创造性活动对组织的重要性,表达对员工创造性活动的期望等。员工在这种宽松、包容和支持的环境下能够放心大胆地去思考、去实践,去积极提升绩效产出水平。

7.4 研究局限与未来展望

尽管本研究深入探讨和检验了悖论式领导对员工任务绩效和创新绩效的影响、内部机制和边界条件,但是本研究依然存在一定的研究局限性,期望未来的研究能够进一步丰富和拓展。

(1)虽然本研究探讨了悖论式领导对员工任务绩效和创新绩效的影响,但是本研究的数据均来自中国情境,由于东方文化下个体对于矛盾现象的接受程度普遍较高(Choi et al.,2007;Shao et al.,2019),因此未来研究可以考虑不同文化情境下悖论式领导的影响后果。比如,有研究认为,悖论式领导对员工的影响可能存在双刃剑效应(Shao et al.,2019),由于领导力、个体意义建构以及下属的绩效存在一定关系(Lord & Hall,2005;Mumford et al.,2007),因此,对于领导者通过自身的意义建构将所理解的组织情境传递给下属,下属进行自身意义建构,从而产生不同的行为后果,本研究并未进行深入探讨。未来研究可以考虑不同文化情境下悖论式领导后果的影响,来检验本研究结果的普适性。

(2)本研究尽管是基于多时间点的数据验证悖论式领导对员工任务绩效和创新绩效的积极影响,但是仍然将悖论式领导视为一种静态的领导行为。然而悖论式领导是一种可能会随着时间的推移,动态地整合矛盾双方的领导行为(Smith et al.,2016;Zhang et al.,2015),因此可将其视为一种动态的领导行为。例如,悖论式领导可能会先设置具有挑战性的目标,迫使员工的表现超出预期,但是必要时会根据情况适当放宽目标要求,这种根据实际情况动态变化的领导行为可能会使员工认知和心理发生动态变化,最终影响员工的行为。因此,未来的研究可以考虑基于动态视角验证悖论式领导对员工任务绩效和创新绩效的积极影响。

(3)本研究中员工的任务绩效和创新绩效均是由团队领导的主观评价而不是客观标准来衡量的。虽然已有研究表明,主观和客观的测量方法各有优势,这取决于研究背景(Elsbach et al.,2012),但是团队领导对员工绩效的评价是主观的,可能会受到员工绩效成就之外的其他因素的影响,从而造成评价偏差。因此,未来的研究可以考虑使用客观数据来衡量员工的任务绩效和创新绩效。

(4)本研究三个子研究均采用设计相似的问卷方式进行数据的搜集,无法对研究问题进行多方法的交叉验证。因此,未来研究可以尝试采用实验法对理论模型进行因果验证,也可以采用纵向数据收集方式对理论模型进行验证。

(5)本研究指出员工特质和组织特征会影响悖论式领导与员工绩效的关系。未来研究可以尝试进一步探讨悖论式领导与员工绩效之间的其他理论边界。通过文献梳理发现,悖论式领导对员工绩效的影响可能会受到员工特质(如调节焦点、认知闭合需求、心理安全感等)和具体环境(如层级文化等)的调节。悖论式领导会通过意义给赋影响下属的意义建构,因此这一过程总会受到个体因素和组织环境的影响。意义建构理论认为,意义建构总是发生在一个社会环境中,受到定义该环境的规则和资源的影响(Maitlis et al.,2013)。因此,未来研究可以更加深入地探讨悖论思维与潜在的支持性认知、个体行为和组织因素之间的关系,以丰富研究者对悖论思维如何影响员工行为和组织结果的理解。例如,个体对任务和冲突的反应方式会影响他们的创造力(Paletz et al.,2014)、决策(Savary et al.,2015)和整体表现(Jehn et al.,2010),因此未来研究可以探讨悖论思维对组织和团队环境中冲突的影响。同时,考虑到悖论思维的个体差异,未来研究可以尝试区分个体表达矛盾心理的积极和消极后果(Ashforth et al.,2014;Rothman & Melwani,2017)。

参 考 文 献

[1] Adler P S. The "learning bureaucracy": New United Motors Manufacturing, Inc[J]. Research in Organizational Behaviour,1992(15):111-194.

[2] Albrecht T L, Hall B J. Facilitating talk about new ideas:the role of personal relationships in organizational innovation[J]. Communication Monographs,1991,58(3):273-288.

[3] Al-Hitmi M,Sherif K. Employee perceptions of fairness toward IoT monitoring[J]. VINE Journal of Information and Knowledge Management Systems,2018,48(4):504-516.

[4] Alfes K,Langner N. Paradoxical leadership:understanding and managing conflicting tensions to foster volunteer engagement[J]. Organizational Dynamics,2017,46(2):96-103.

[5] Amabile T M. A model of creativity and innovation in organization[J]. Research in organizational behaviour,1988,10(1):123-167.

[6] Amabile T M,Conti R,Coon H,et al. Assessing the work environment for creativity[J]. Academy of Management Journal, 1996, 39(5): 1154-1184.

[7] Amabile T M,Gryskiewicz S S. Creativity in the R&D laboratory[M]. Greensboro,North Caiolina:Center for Creative Leadership,1987.

[8] Amabile T M,Schatzel E A,Moneta G B,et al. Leader behaviors and the work environment for creativity:perceived leader support[J]. The Leadership Quarterly,2004,15(1):5-32.

[9] Amason A C. Distinguishing the effects of functional and dysfunctional conflict on strategic decision making: Resolving a paradox for top management teams[J]. Academy of Management Journal,2017,39(1): 123-148.

[10] Andrews J,Smith D C. In search of the marketing imagination:factors affecting the creativity of marketing programs for mature products[J].

Journal of Marketing Research,1996,33(2):174-187.

[11] Andriopoulos C, Lewis M W. Exploitation-exploration tensions and organizational ambidexterity: managing paradoxes of innovation[J]. Organization Science,2009,20(4):696-717.

[12] Aoki K. The roles of material artifacts in managing the learning-performance paradox: the kaizen case[J]. Academy of Management Journal,2020,63(4):1266-1299.

[13] Ashforth B E, Harrison S H, Corley K G. Identification in organizations: an examination of four fundamental questions[J]. Journal of Management, 2008,34(3):325-374.

[14] Ashforth B E, Rogers K M, Pratt M G, et al. Ambivalence in organizations: a multilevel approach[J]. Organization Science, 2014, 25(5):1453-1478.

[15] Axtell C M, Holman D J, Unsworth K L, et al. Shopfloor innovation: facilitating the suggestion and implementation of ideas[J]. Journal of Occupational and Organizational Psychology,2000,73(3):265-285.

[16] Babakus E, Cravens D W, Johnston M, et al. The role of emotional exhaustion in sales force attitude and behavior relationships[J]. Journal of the Academy of Marketing Science,1999,27(1):58-70.

[17] Backhaus L, Vogel D, Vogel R, et al. Giving sense about paradoxes: paradoxical leadership in the public sector[J]. Public Management Review,2022,24(9):1478-1498.

[18] Baer M. Putting creativity to work: the implementation of creative ideas in organizations[J]. Academy of Management Journal, 2012, 55(5): 1102-1119.

[19] Bakker A B, Demerouti E, Sanz-Vergel A I. Burnout and work engagement: the JD-R approach[J]. Annual Review of Organizational Psychology and Organizational Behavior,2014(1):389-411.

[20] Bakker A B, Demerouti E, Verbeke W. Using the job demands-resources model to predict burnout and performance[J]. Human Resource Management,2004,43(1):83-104.

[21] Bakker A B, Xanthopoulou D. The crossover of daily work engagement:

test of an actor-partner interdependence model[J]. Journal of Applied Psychology,2009,94(6),1562-1571.

[22] Banks G C,McCauley K D,Gardner W L,et al. A meta-analytic review of authentic and transformational leadership: a test for redundancy[J]. The Leadership Quarterly,2016,27(4):634-652.

[23] Bernardin H J, Beatty R W. Performance appraisal: assessing human behavior at work [M]. Kent Human Resource Management,1984.

[24] Berry C M,Lelchook A M,Clark M A. A meta-analysis of the interrelationships between employee lateness, absenteeism, and turnover: implications for models of withdrawal behavior[J]. Journal of Organizational Behavior, 2012,33(5):678-699.

[25] Bledow R, Frese M, Anderson N, et al. A dialectic perspective on innovation: conflicting demands, multiple pathways, and ambidexterity [J]. Industrial and Organizational Psychology: Perspectives on Science and Practice,2009,2(3):305-337.

[26] Borman W C,Motowidlo S J. Expanding the criterion domain to include elements of contextual performance [C]//Schmitt N, Borman W C. Personnel selection in organizations. San Francisco: Jossey-Bass, 1993: 71-98.

[27] Burke P J. Identity processes and social stress[J]. American Sociological Review,1991,56(6):836-849.

[28] Calabretta G,Gemser G,Wijnberg N M. The Interplay between intuition and rationality in strategic decision making: a paradox perspective[J]. Organization Studies,2017,38(3-4):365-401.

[29] Callero P L, Howard J A, Piliavin J A. Helping behavior as role behavior: disclosing social structure and history in the analysis of prosocial action [J]. Social Psychology Quarterly,1987,50(3):247-256.

[30] Cameron K S. Effectiveness as paradox: consensus and conflict in conceptions of organizational effectiveness [J]. Management Science, 1986,32(5):539-553.

[31] Campbell J P,Mc Cloy R A,Oppler S H,et al. A theory of performance [C]//Schmitt N,Borman W C. Personnel selection in organizations. San

Francisco:Jossey-Bass,1993.

[32] Chen M J. Transcending paradox: The Chinese "middle way" perspective [J]. Asia Pacific Journal of Management,2002,19(2/3):179-199.

[33] Chen M J. Reconceptualizing the competition-cooperation relationship:a transparadox perspective[J]. Journal of Management Inquiry,2008,17(4):288-304.

[34] Chen M J,Miller D. The relational perspective as a business mindset: managerial implications for East and West[J]. Academy of Management Perspectives,2011,25(3):6-18.

[35] Chi N W,Chang H T,Huang H L. Can personality traits and daily positive mood buffer the harmful effects of daily negative mood on task performance and service sabotage? A self-control perspective [J]. Organizational Behavior and Human Decision Processes, 2015 (131): 1-15.

[36] Choi I,Koo M,Choi J A. Individual differences in analytic versus holistic thinking[J]. Personality and Social Psychology Bulletin,2007,33(5): 691-705.

[37] Christianson M K,Farkas M T,Sutcliffe K M,et al. Learning through rare events:significant interruptions at the Baltimore & Ohio Railroad Museum[J]. Organization Science,2009,20(5):846-860.

[38] Cohen J,Cohen P,West S G,et al. Applied multiple regression/correlation analysis for the behavioral sciences[M]. 3rd ed. Mahwah: Erlbaum,2003.

[39] Colville I,Hennestad B,Thoner K. Organizing,changing and learning:a sensemaking perspective on an ongoing "soap story"[J]. Management Learning,2013,45(2):216-234.

[40] Cowan D A. Developing a process model of problem recognition[J]. The Academy of Management Review,1986,11(4):763-776.

[41] Cropanzano R,Rupp D E,Byrne Z S. The relationship of emotional exhaustion to work attitudes, job performance, and organizational citizenship behaviors[J]. Journal of Applied Psychology,2003,88(1): 160-169.

[42] Cuganesan S. Identity paradoxes: how senior managers and employees negotiate similarity and distinctiveness tensions over time[J]. Organization Studies, 2017, 38(3-4): 489-511.

[43] Daft R L, Weick K E. Toward a model of organizations as interpretive systems[J]. Academy of Management Review, 1984, 9(2): 284-295.

[44] Deci E L, Ryan R M. The general causality orientations scale: self-determination in personality[J]. Journal of research in personality, 1985, 19(2): 109-134.

[45] Derksen K, Blomme R J, de Caluwé L, et al. Breaking the paradox: understanding how teams create developmental space[J]. Journal of Management Inquiry, 2017, 28(3): 366-380.

[46] Denison D R, Hooijberg R, Quinn R E. Paradox and performance: toward a theory of behavioral complexity in managerial leadership [J]. Organization Science, 1995, 6(5): 524-540.

[47] Detert J R, Burris E R. Leadership behavior and employee voice: is the door really open? [J]. Academy of Management Journal, 2007, 50(4): 869-884.

[48] Dewett T. Employee creativity and the role of risk[J]. European Journal of Innovation Management, 2004, 7(4): 257-266.

[49] Dewett T. Exploring the role of risks in employee creativity[J]. The Journal of Creative Behavior, 2006, 40(1): 27-45.

[50] Dewett T. Linking intrinsic motivation, risk taking, and employee creativity in an R&D environment[J]. R&D Management, 2007, 37(3): 197-208.

[51] Drazin R, Glynn M A, Kazanjian R K. Multilevel theorizing about creativity in organizations: a sensemaking perspective[J]. Academy of Management Review, 1999, 24(2): 286-307.

[52] Dutton J E, Jackson S E. Categorizing strategic issues: links to organizational actions[J]. Academy of Management Review, 1987, 12(1): 76-90.

[53] Dvir T, Eden D, Avolio B J, et al. Impact of transformational leadership on follower development and performance: a field experiment [J].

Academy of Management Journal,2002,45(4):735-744.

[54] Ehnert I. Sustainable human resource management: a conceptual and exploratory analysis from a paradox perspective[M]. Berlin: Physica-Verlag Berlin Heidelberg,2009.

[55] Elsbach K D, Barr P S, Hargadon A B. Identifying situated cognition in organizations[J]. Organization Science,2005,16(4):422-433.

[56] Erez M, Earley P C. Culture, self-identity, and work[M]. New York: Oxford University Press,1993.

[57] Fang T. From "onion" to "ocean" paradox and change in national cultures[J]. International Studies of Management and Organization, 2015,35(4):71-90.

[58] Fang T. Yin yang: a new perspective on culture[J]. Management and Organization Review,2012,8(1):25-50.

[59] Farh J L, Dobbins G H, Cheng B S. Cultural relativity in action: a comparison of self-ratings made by Chinese and U. S. workers[J]. Personnel Psychology,1991,44(1):129-147.

[60] Farjoun M. The dialectics of institutional development in emergent and turbulent fields: the history of pricing conventions in the online database industry[J]. Academy of Management Journal,2002,45(5):848-874.

[61] Farmer S M, Tierney P, Kung-Mcintyre K. Employee creativity in Taiwan: an application of role identity theory[J]. Academy of Management Journal,2003,46(5):618-630.

[62] Feng L P, Liu Y J, Xu S Y, et al. Paradoxical leader behaviour effects on employee taking charge: a moderated-mediating model[J]. Journal of Psychology in Africa,2022,32(1):26-32.

[63] Ferdman B M. Paradoxes of inclusion: understanding and managing the tensions of diversity and multiculturalism[J]. The Journal of Applied Behavioral Science,2017,53(2):235-263.

[64] Fock H, Chiang F, Au K, et al. The moderating effect of collectivistic orientation in psychological empowerment and job satisfaction relationship [J]. International Journal of Hospitality Management, 2011, 30(2): 319-328.

[65] Foldy E G, Goldman L, Ospina S. Sensegiving and the role of cognitive shifts in the work of leadership[J]. The Leadership Quarterly, 2008, 19(5):514-529.

[66] Ford C M. A theory of individual creative action in multiple social domains[J]. Academy of Management Review, 1996, 21(4):1112-1142.

[67] Franken E, Plimmer G, Malinen S. Paradoxical leadership in public sector organisations: its role in fostering employee resilience[J]. Australian Journal of Public Administration, 2020, 79(1):93-110.

[68] Fredberg T. If I say it's complex, it bloody well will be: CEO strategies for managing paradox[J]. The Journal of Applied Behavioral Science, 2014, 50(2):171-188.

[69] Fredrickson B L. The role of positive emotions in positive psychology: the broaden-and-build theory of positive emotions[J]. American Psychologist, 2001, 56(3):218-226.

[70] Fürstenberg N, Alfes K, Kearney E. How and when paradoxical leadership benefits work engagement: the role of goal clarity and work autonomy[J]. Journal of Occupational and Organizational Psychology, 2021, 94(3):672-705.

[71] Gagné M, Deci E L. Self-determination theory and work motivation[J]. Journal of Organizational Behavior, 2005, 26(4):331-362.

[72] García-Granero A, Llopis Ó, Fernández-Mesa A, et al. Unraveling the link between managerial risk-taking and innovation: the mediating role of a risk-taking climate[J]. Journal of Business Research, 2015, 68(5):1094-1104.

[73] Garg V. Leadership paradox in organization evolution: an executive team consensus-based exposition[C]//Allied academies international conference: proceedings of the Academy of Strategic Management, 2016, 8-10.

[74] Gebert D, Boerner S, Kearney E. Fostering team innovation: why is it important to combine opposing action strategies?[J]. Organization Science, 2010, 21(3):593-608.

[75] Gephart R P. The textual approach: risk and blame in disaster sensemaking[J]. Academy of Management Journal, 1993, 36(6), 1465-1514.

[76] Gioia D A, Chittipeddi K. Sensemaking and sensegiving in strategic change initiation[J]. Strategic Management Journal, 1991, 12(6): 433-448.

[77] Gnyawali D R, Madhavan R, He J Y, et al. The competition-cooperation paradox in inter-firm relationships: a conceptual framework[J]. Industrial Marketing Management, 2016(53): 7-18.

[78] Gong Y, Huang J, Farh J. Employee learning orientation, transformational leadership, and employee creativity: the mediating role of creative self-efficacy[J]. Academy of Management Journal, 2009, 52(1): 765-778.

[79] Good D, Michel E J. Individual ambidexterity: exploring and exploiting in dynamic contexts[J]. Journal of Psychology, 2013, 147(5): 435-453.

[80] Gözükara İ, Çolakoğlu N. The mediating effect of work family conflict on the relationship between job autonomy and job satisfaction[J]. Procedia-Social and Behavioral Sciences, 2016(229): 253-266.

[81] Grube J A, Piliavin J A. Role identity, organizational experiences, and volunteer performance[J]. Personality Psychology, 2000, 96(2): 277-293.

[82] Hackman J R, Lawler E E. Employee reactions to job characteristics[J]. Journal of Applied Psychology, 1971, 55(3): 259-286.

[83] Hackman J R, Oldham G R. Development of the job diagnostic survey[J]. Journal of Applied Psychology, 1975, 60(2): 159-170.

[84] Hackman J R, Oldham G R. Motivation through the design of work: test of a theory[J]. Organizational Behavior and Human Performance, 1976, 16(2): 250-279.

[85] Hackman J R, Oldham G R. Work redesign[M]. Massachusetts: Addison-Wesley, 1980.

[86] Halbesleben J R B, Wheeler A R. The relative roles of engagement and embeddedness in predicting job performance and intention to leave[J]. Work & Stress, 2008, 22(3): 242-256.

[87] Han S, Oh E G, Kang S P. The link between transformational leadership and work-related performance: moderated-mediating roles of meaningfulness

and job characteristics[J]. Leadership & Organization Develpoment Journal,2020,41(4):519-533.

[88] Hargrave T J, Van de Ven A H. Integrating dialectical and paradox perspectives on managing contradictions in organizations[J]. Organization Studies,2017,38(3-4):319-339.

[89] Harris M M, Bladen A. Wording effects in the measurement of role conflict and role ambiguity: a multitrait-multimethod analysis[J]. Journal of Management,1994,20(4):887-901.

[90] Heide M, Simonsson C. Struggling with internal crisis communication: a balancing act between paradoxical tensions[J]. Public Relations Inquiry, 2015,4(2):223-255.

[91] Heracleous L, Wirtz J. Singapore Airlines: achieving sustainable advantage through mastering paradox[J]. The Journal of Applied Behavioral Science,2014,50(2):150-170.

[92] Hesketh B, Neal A. Technology and Performance[C]//Ilgen D, Pulakos D. The changing nature of performance: implications for staffing, motivation and development. San Francisco:Jossey-Bass,1999:21-55.

[93] Hill R C, Levenhagen M. Metaphors and mental models: sensemaking and sensegiving in innovative and entrepreneurial activities[J]. Journal of Management,1995,21(6):1057-1074.

[94] Hobfoll S E. Conservation of resource caravans and engaged settings [J]. Journal of Occupational & Organizational Psychology,2011,84(1): 116-122.

[95] Hofmans J, Jonas D, Doci E, et al. The curvilinear relationship between work pressure and momentary task performance: the role of state and trait core self-evaluations[J]. Frontiers in Psychology,2015(6):1680.

[96] Huang X, Lee J C, Yang X. What really counts? Investigating the effects of creative role identity and self-efficacy on teachers' attitudes towards the implementation of teaching for creativity[J]. Teaching and Teacher Education,2019,84(8):57-65.

[97] Huertas-Valdivia I, Gallego-Burín A R, Lloréns-Montes F J. Effects of different leadership styles on hospitality workers[J]. Tourism Management,

2019(71):402-420.

[98] Huq Jo-L, Reay T, Chreim S. Protecting the paradox of interprofessional collaboration[J]. Organization Studies,2017,38(3-4):513-538.

[99] Ibarra H, Andrews S B. Power, social influence, and sense making: effects of network centrality and proximity on employee perceptions[J]. Administrative Science Quarterly,1993,38(2):277-303.

[100] Imran M K, Fatima T, Sarwar A, et al. Will I speak up or remain silent? Workplace ostracism and employee performance based on self-control perspective[J]. The Journal of Social Psychology, 2023, 163 (1): 107-125.

[101] Ingram A E, Lewis M W, Barton S, et al. Paradoxes and innovation in family firms: the role of paradoxical thinking[J]. Entrepreneurship Theory and Practice,2016,40(1):161-176.

[102] Ishaq E, Bashir S, Khan A K. Paradoxical leader behaviors: leader personality and follower outcomes[J]. Applied Psychology, 2021, 70 (1):342-357.

[103] Jackson S E, Schuler R S. A meta-analysis and conceptual critique of research on role ambiguity and role conflict in work settings[J]. Organizational Behavior and Human Decision Processes,1985,36(1): 16-78.

[104] Janssen O. Fairness perceptions as a moderator in the curvilinear relationships between job demands, and job performance and job satisfaction[J]. Academy of Management Journal, 2001, 44 (5): 1039-1050.

[105] Janssen O. Innovative behavior and job involvement at the price of conflict and less satisfaction with co-workers [J]. Journal of Occupational and Organizational Psychology,2003,76(3):347-364.

[106] Jarzabkowski P, Lê J K, Van de Ven A H. Responding to competing strategic demands: how organizing, belonging, and performing paradoxes coevolve[J]. Strategic Organization,2013,11(3):245-280.

[107] Jay J. Navigating paradox as a mechanism of change and innovation in hybrid organizations[J]. Academy of Management Journal, 2013, 56

(1):137-159.

[108] Jehn K A, Rispens S, Thatcher S M B. The effects of conflict asymmetry on work group and individual outcomes[J]. Academy of Management Journal,2010,53(3):596-616.

[109] Jex S M, Adams G A, Bachrach D G, et al. The impact of situational constraints, role stressors, and commitment on employee altruism[J]. Journal of Occupational Health Psychology,2003,8(3):171-180.

[110] Jia J, Yan J, Cai Y, et al. Paradoxical leadership incongruence and Chinese individuals' followership behaviors: moderation effects of hierarchical culture and perceived strength of human resource management system[J]. Asian Business & Management,2018,17(5):313-338.

[111] Jia J, Liu Z, Zheng Y. How does paradoxical leadership promote bootlegging: a TPB-based multiple mediation model [J]. Chinese Management Studies,2021,15(4):919-939.

[112] Joo B K, Jeung C W, Yoon H J. Investigating the influences of core self-evaluations, job autonomy, and intrinsic motivation on in-role job performance[J]. Human Resource Development Quarterly, 2010, 21 (4):353-371.

[113] Julmi C. Crazy, stupid, disobedience: the dark side of paradoxical leadership[J]. Leadership,2021,17(6):631-653.

[114] Kahn W A. Psychological conditions of personal engagement and disengagement at work[J]. Academy of Management Journal,1990,33 (4):692-724.

[115] Kan M M, Parry K W. Identifying paradox: a grounded theory of leadership in overcoming resistance to change [J]. The Leadership Quarterly,2004,15(4):467-491.

[116] Kanfer R, Ackerman P L. Motivation and cognitive abilities: an integrative/aptitude-treatment interaction approach to skill acquisition [J]. Journal of Applied Psychology,1989,74(4):657-690.

[117] Kauppila O, Tempelaar M P. The social-cognitive underpinnings of employees' ambidextrous behaviour and the supportive role of group managers' leadership[J]. Journal of Management Studies,2016,53(6):

1019-1044.

[118] Keller J, Loewenstein J. The cultural category of cooperation: a cultural consensus model analysis for China and the United States[J]. Organization Science,2011,22(2):299-319.

[119] Keller J, Loewenstein J, Yan J. Culture, conditions and paradoxical Frames[J]. Organization Studies,2017,38(3-4):539-560.

[120] Khany R, Tazik K. On the relationship between psychological empowerment, trust, and Iranian EFL teachers' job satisfaction: the case of secondary school teachers[J]. Journal of Career Assessment, 2016,24(1):112-129.

[121] Kiesler S, Sproull L. Managerial response to changing environments: perspectives on problem sensing from social cognition[J]. Administrative Science Quarterly,1982,27(4):548-570.

[122] Kim J E. Paradoxical leadership and proactive work behavior: the role of psychological safety in the hotel industry[J]. Journal of Asian Finance, Economics and Business,2021,8(5):167-178.

[123] Klonek F E, Volery T, Parker S K. Managing the paradox: individual ambidexterity, paradoxical leadership and multitasking in entrepreneurs across firm life cycle stages[J]. International Small Business Journal: Researching Entrepreneurship,2021,39(1):40-63.

[124] Knight E, Harvey W. Managing exploration and exploitation paradoxes in creative organizations[J]. Management Decision, 2015, 53(4): 809-827.

[125] Knight E, Paroutis S. Becoming salient: the TMT leader's role in shaping the interpretive context of paradoxical tensions[J]. Organization Studies,2017,38(3-4):403-432.

[126] Kraft A, Sparr J L, Peus C. Giving and making sense about change: the back and forth between leaders and employees[J]. Journal of Business Psychology,2018,33(1):71-87.

[127] Lankau M J, Carlson D S, Nielson T R. The mediating influence of role stressors in the relationship between mentoring and job attitudes[J]. Journal of Vocational Behavior,2006,68(2):308-322.

[128] Latham L L, Perlow R. The relationship of client-directed aggressive and nonclient-directed aggressive work behavior with self-control[J]. Journal of Applied Social Psychology,1996,26(12):1027-1041.

[129] Lavine M. Paradoxical leadership and the competing values framework [J]. The Journal of Applied Behavioral Science,2014,50(2):189-205.

[130] Lazarus R S. Psychological stress in the workplace[J]. Journal of UOEH,1989,11(7):528-540.

[131] Lee R T, Ashforth B E. A meta-analytic examination of the correlates of the three dimensions of job burnout[J]. Journal of Applied Psychology,1996,81(2):123-133.

[132] Leinwand P, Mani M M, Sheppard B. Reinventing your leadership team:your organization's future depends on getting this right[J]. Harvard Business Review,2022(1-2):61-69.

[133] Leiter M P. Coping patterns as predictors of burnout:the function of control and escapist coping patterns[J]. Journal of Organizational Behavior,1991,12(2):123-144.

[134] Leiter M P, Maslach C. The impact of interpersonal environment on burnout and organizational commitment[J]. Journal of Organizational Behavior,1988,9(4):297-308.

[135] Lewis M W. Exploring paradox:toward a more comprehensive guide [J]. Academy of Management Review,2000,25(4):760-776.

[136] Lewis M W, Smith W K. Paradox as a metatheoretical perspective: sharpening the focus and widening the scope[J]. The Journal of Applied Behavioral Science,2014,50(2):127-149.

[137] Li P P. Towards a geocentric framework of organizational form: a holistic,dynamic and paradoxical approach[J]. Organization Studies, 1998,19(5):829-861.

[138] Lin C, Huang H, Huang T Y. The effects of responsible leadership and knowledge sharing on job performance among knowledge workers[J]. Personnel Review,2020,49(9):1879-1896.

[139] Ling Y, Simsek Z, Lubatkin M, et al. Transformational leadership's role in promoting corporate entrepreneurship: examining the CEO-

TMT interface[J]. Academy of Management Journal,2008,21(3):557-576.

[140] Liu C, Liu Y, Mills M, et al. Job stressors, job performance, job dedication, and the moderating effect of conscientiousness: a mixed-method approach[J]. International Journal of Stress Management, 2013,20(4):336-363.

[141] Liu Y, Xu S, Zhang B. Thriving at work: how a paradox mindset influences innovative work behavior[J]. The Journal of Applied Behavioral Science,2020,56(3):347-366.

[142] London M, Mone E M, Scott J C. Performance management and assessment: methods for improved rater accuracy and employee goal setting[J]. Human Resource Management,2004,43(4):319-336.

[143] Lord R G, Hall R J. Identity, deep structure and the development of leadership skill[J]. The Leadership Quarterly,2005,16(4):591-615.

[144] Luthans F, Avey J B, Avolio B J, et al. The development and resulting performance impact of positive psychological capital[J]. Human Resource Development Quarterly,2010,21(1):41-67.

[145] Lüscher L S, Lewis M W. Organizational change and managerial sensemaking: working through paradox[J]. Academy of Management Journal,2008,51(2):221-240.

[146] Ma C, Lin X, Chen Z X, et al. Linking perceived overqualification with task performance and proactivity? An examination from self-concept-based perspective[J]. Journal of Business Research, 2020(118):199-209.

[147] Mache S, Servaty R, Harth V. Flexible work arrangements in open workspaces and relations to occupational stress, need for recovery and psychological detachment from work[J]. Journal of Occupational Medicine and Toxicology,2020,15(5):1-11.

[148] Madjar N, Greenberg E, Chen Z. Factors for radical creativity, incremental creativity, and routine, noncreative performance[J]. Journal of Applied Psychology,2011,96(4):730-743.

[149] Magnier-Watanabe R, Uchida T, Orsini P, et al. Organizational

virtuousness, subjective well-being, and job performance[J]. Asia-Pacific Journal of Business Administration,2020,12(2):115-138.

[150] Maitlis S. The social processes of organizational sensemaking[J]. Academy of Management Journal,2005,48(1):21-49.

[151] Maitlis S,Christianson M. Sensemaking in organizations:taking stock and moving forward[J]. The Academy of Management Annals,2014,8(1):57-125.

[152] Maitlis S,Ozcelik H. Toxic decision processes:a study of emotion and organizational decision making[J]. Organization Science,2004,15(4):375-393.

[153] Maitlis S,Sonenshein S. Sensemaking in crisis and change:inspiration and insights from Weick (1988)[J]. Journal of Management Studies,2010,47(3):551-580.

[154] Maitlis S,Vogus T J,Lawrence T B. Sensemaking and emotion in organizations[J]. Organizational Psychology Review, 2013, 3(3):222-247.

[155] Maslach C,Jackson S E. The role of sex and family variables in burnout[J]. Sex Roles,1985,12(7/8):837-851.

[156] Maslach C,Schaufeli W B,Leiter M P. Job burnout[J]. Annual Review of Psychology,2001(52),397-422.

[157] Matta F K,Scott B A,Koopman J,et al. Does seeing "eye to eye" affect work engagement and organizational citizenship behavior? A role theory perspective on LMX agreement[J]. Academy of Management Journal,2015,58(6):1686-1708.

[158] McCall G J,Simmons J L. Identities and interactions:an examination of human associations in everyday life[M]. New York:Free Press,1978.

[159] Mead G H. Mind, self, and society from the standpoint of a social behaviorist[M]. Chicago:University of Chicago Press,1934.

[160] Miao C, Humphrey R H, Qian S. Emotion intelligence and job performance in the hospitality industry:a meta-analytic review[J]. International Journal of Contemporary Hospitality Management,2021,33(8):2632-2652.

[161] Milliken F J. Perceiving and interpreting environmental change: an examination of college administrators' interpretation of changing demographics[J]. Academy of Management Journal, 1990, 33(1): 42-63.

[162] Milosevic I, Bass A E, Combs G M. The paradox of knowledge creation in a high-reliability organization: a case study[J]. Journal of Management, 2015, 44(3): 1174-1201.

[163] Miron-Spektor E, Beenen G. Motivating creativity: the effects of sequential and simultaneous learning and performance achievement goals on product novelty and usefulness[J]. Organizational Behavior and Human Decision Processes, 2015(127): 53-65.

[164] Miron-Spektor E, Erez M, Naveh E. The effect of conformist and attentive-to-detail members on team innovation: reconciling the innovation paradox[J]. Academy of Management Journal, 2011, 54(4): 740-760.

[165] Miron-Spektor E, Gino F, Argote L. Paradoxical frames and creative sparks: enhancing individual creativity through conflict and integration[J]. Organizational Behavior and Human Decision Processes, 2011, 116(2): 229-240.

[166] Miron-Spektor E, Keller J, Smith W K, et al. Microfoundations of organizational paradox: the problem is how we think about the problem[J]. Academy of Management Journal, 2018, 61(1): 26-45.

[167] Mobley W H. Some unanswered questions in turnover and withdrawal research[J]. The Academy of Management Review, 1982, 7(1): 111-116.

[168] Moore J E. One road to turnover: an examination of work exhaustion in technology professionals[J]. MIS Quarterly, 2000, 24(1): 141-175.

[169] Morgeson F P, Delaney-Klinger K, Hemingway M A. The importance of job autonomy, cognitive ability, and job-related skill for predicting role breadth and job performance[J]. Journal of Applied Psychology, 2005, 90(2): 399-406.

[170] Motowidlo S J. Some basic issues related to contextual performance and

organizational citizenship behaviour in human resource management[J]. Human Resource Management Review,2000,10(1):115-126.

[171] Motowidlo S J,Van Scotter J R. Evidence that task performance should be distinguished from contextual performance[J]. Journal of Applied Psychology,1994,79(4):475-480.

[172] Mumford M D,Friedrich T L,Caughron J J,et al. Leader cognition in real-world settings: how do leaders think about crises? [J]. The Leadership Quarterly,2007,18(6):515-543.

[173] Ng K Y, Ang S, Chan K Y. Personality and leader effectiveness: a moderated mediation of leadership self-efficacy,job demands and job autonomy[J]. Journal of Applied Psychology,2008,93(4):733-743.

[174] Nag R, Corley K G, Gioia D A. The intersection of organizational identity, knowledge, and practice: attempting strategic change via knowledge grafting[J]. Academy of Management Journal,2007,50(4):821-847.

[175] Nasurdin A M, Tan C L, Khan S N. Can high performance work practices and satisfaction prdict job performance? An examination of the melaysian private health-care sector[J]. International Journal of Quality and Service Science,2020,12(4):521-540.

[176] O'driscoll M P,Beehr T A. Moderating effects of perceived control and need for clarity on the relationship between role stressors and employee affective reactions[J]. The Journal of Social Psychology,2000,140(2):151-159.

[177] Oh S,Dong L,Nahm A Y,et al. Fostering innovation and involvement among Korean workers in problem solving through trust and psychological safety:the role of paradoxical leader behaviours[J]. Asia Pacific Business Review,2023,29(3):701-718.

[178] Oldham G R, Cummings A. Employee creativity: personal and contextual factors at work[J]. Academy of Management Journal,1996,39(3):607-634.

[179] Oreg S, Vakola M, Armenakis A A. Change recipients' reactions to organizational change:a 60-year review of quantitative studies[J]. The

Journal of Applied Behavioral Science,2011,47(4):461-524.

[180] Paletz S B F, Miron-Spektor E, Lin C C. A cultural lens on interpersonal conflict and creativity in multicultural environments[J]. Psychology of Aesthetics, Creativity, and the Arts, 2014, 8(2): 237-252.

[181] Pan Z L. Paradoxical leadership and organizational citizenship behaviour: the serial mediating effect of a paradoxical mindset and personal service orientation[J]. Leadership & Organization Development Journal,2021, 42(6):869-881.

[182] Park I J, Shim S H, Hai S, et al. Cool down emotion, don't be fickle! The role of paradoxical leadership in the relationship between emotional stability and creativity[J]. The International Journal of Human Resource Management,2022,33(14):2856-2886.

[183] Pearce C, Wassenaar C L, Berson Y, et al. Toward a theory of meta-paradoxical leadership[J]. Organizational Behavior and Human Decision Processes,2019(155):31-41.

[184] Peeters M C, Montgomery A J, Schaufeli W B. Balancing work and home: how job and home demands are related to burnout[J]. International Journal of Stress Management,2005,12(1):43-61.

[185] Perrewe P L, Zellars K L, Ferri G R, et al. Neutralizing job stressors: political skill as an antidote to the dysfunctional consequences of role conflict[J]. Academy of Management Journal,2004,47(1):141-152.

[186] Poole M S, Van de Ven A H. Using paradox to build management and organization theories[J]. Academy of Management Review, 1989, 14(4):562-578.

[187] Posing M, Kichul J. Extending our understanding of burnout: test of an integrated model in nonservice occupations[J]. Journal of Occupational Health Psychology,2003,8(1):3-19.

[188] Pratt M G. The good, the bad, and the ambivalent: managing identification among Amway distributors[J]. Administrative Science Quarterly,2000,45(3):456-493.

[189] Preacher K J, Rucker D D, Hayes A F. Addressing moderated mediation

hypotheses: theory, methods, and prescriptions[J]. Multivariate Behavioral Research,2007,42(1):185-227.

[190] Pulakos E D,Scmmit N,Dorsey D W. Predicting adaptive performance: further test of a model of adaptability[J]. Human Performance,2000, 15(4):299-323.

[191] Quinn R E,Cameron K S. Paradox and transformation:toward a theory of change in organization and management[M]. Massachusetts: Ballinger,1988.

[192] Ranson S,Hinings B,Greenwood R. The structuring of organizational structures[J]. Administrative Science Quarterly,1980,25(1):1-14.

[193] Ravasi D,Turati C. Exploring entrepreneurial learning:a comparative study of technology development projects[J]. Journal of Business Venturing,2005,20(1):137-164.

[194] Ren D,Zhu B. How does paradoxical leadership affect innovation in teams:an integrated multilevel dual process model[J]. Human Systems Management,2020,39(1):11-26.

[195] Rescalvo-Martin E,Gutierrez-Gutierrez L,Llorens-Montes F J. The effect of paradoxical leadership on extra-role service in the hospitality industry[J]. International Journal of Contemporary Hospitality Management,2021,33(10):3661-3684.

[196] Rhee S Y,Hur W M,Kim M. The relationship of coworker incivility to job performance and the moderating role of self-efficacy and compassion at work:the job demands-resources (JD-R) approach[J]. Journal of Business and Psychology,2017,32(6):711-726.

[197] Riley A,Burke P. Identities and self-verification in the small group[J]. Social Psychology Quarterly,1995,58(2):61-73.

[198] Rosing K, Zacher H. Individual ambidexterity: the duality of exploration and exploitation and its relationship with innovative performance[J]. European Journal of Work and Organizational Psychology,2016,26(5):694-709.

[199] Rothman N,Melwani S. Feeling mixed, ambivalent and in flux: the social functions of emotional complexity for leaders[J]. Academy of

Management Review, 2017, 42(2):259-282.

[200] Ryan R M, Deci E L. Intrinsic and extrinsic motivations: classic definitions and new directions[J]. Contemporary Educational Psychology, 2000, 25(1):54-67.

[201] Ryan R M, Deci E L. Self-determination theory and the facilitation of intrinsic motivation, social development, and well-being[J]. American Psychologist, 2000, 55(1), 68-78.

[202] Ryan R M, Deci E L. Overview of self-determination theory: an organismic-dialectical perspective[M]//Deci E L, Ryan R M. Handbook of self-determination research. University of Rochester Press, 2002:3-33.

[203] Savary J, Kleiman T, Hassin R R, et al. Positive consequences of conflict on decision making: when a conflict mindset facilitates choice [J]. Journal of Experimental Psychology: General, 2015, 144(1):1-6.

[204] Schad J, Lewis M W, Raisch S, et al. Paradox research in management science: looking back to move forward[J]. Academy of Management Annals, 2016, 10(1):5-64.

[205] Schaubroeck J, Cotton J L, Jennings K R. Antecedents and consequences of role stress: a covariance structure analysis[J]. Journal of Organizational Behavior, 1989, 10(1):35-58.

[206] Schaufeli W B, Bakker A B. Job demands, job resources, and their relationship with burnout and engagement: a multi sample study[J]. Journal of Organizational Behavior, 2004, 25(3):293-315.

[207] Schaufeli W B, Salanova M, González-Romá V, et al. The measurement of engagement and burnout: a two sample confirmatory factor analytic approach[J]. Journal of Happiness Studies, 2002, 3(1):71-92.

[208] Schneider K J. The paradoxical self: toward an understanding of our contradictory nature[M]. New York: Plenum Press, 1999.

[209] Schneider B, Reichers A E. On the etiology of climates[J]. Personnel Psychology, 1983, 36(1):19-39.

[210] Scott S G, Bruce R A. Determinants of innovative behavior: a path model of individual innovation in the workplace[J]. Academy of Management Journal, 1994, 37(3):580-607.

[211] Settles I H, Sellers R A, Damas A. One role or two? The function of psychological separation in role conflict[J]. Journal of Applied Psychology,2002,87(3):574-582.

[212] Shalley C E, Gilson L L. What leaders need to know: a review of social and contextual factors that can foster or hinder creativity[J]. The Leadership Quarterly,2004,15(1):33-53.

[213] Shao Y, Nijstad B A, Täuber S. Creativity under workload pressure and integrative complexity: the double-edged sword of paradoxical leadership[J]. Organizational Behavior and Human Decision Processes, 2019(155):7-19.

[214] Sharma G, Bansal P. Partners for good: how business and NGOs engage the commercial-social paradox[J]. Organization Studies,2017,38(3-4):341-364.

[215] She Z L, Li Q, Yang B Y, et al. Paradoxical leadership and hospitality employees' service performance: the role of leader identification and need for cognitive closure[J]. International Journal of Hospitality Management,2020(89):1-11.

[216] Silva T, Cunha M P, Clegg S R, et al. Smells like team spirit: opening a paradoxical black box[J]. Human Relations,2014,67(3):287-310.

[217] Sleesman D. Pushing through the tension while stuck in the mud: paradox mindset and escalation of commitment[J]. Organizational Behavior and Human Decision,2019(155):83-96.

[218] Smart C, Vertinsky I. Strategy and the environment: a study of corporate response to crises[J]. Strategic Management Journal,1984,5(3):199-214.

[219] Smith M B, Wallace J C, Jordan P. When the dark ones become darker: how promotion focus moderates the effects of the dark triad on supervisor performance ratings[J]. Journal of Organizational Behavior,2016,37(2):236-254.

[220] Smith W K. Dynamic decision making: a model of senior leaders managing strategic paradoxes[J]. Academy of Management Journal,2015,1015(1):58-89.

[221] Smith K K, Berg D N. Paradoxes of group life[M]. San Francisco: Jossey-Bass,1987.

[222] Smith W K, Besharov M L, Wessels A K, et al. A paradoxical leadership model for social entrepreneurs: challenges, leadership skills, and pedagogical tools for managing social and commercial demands[J]. Academy of Management Learning & Education,2012,11(3):463-478.

[223] Smith W K, Lewis M W. Toward a theory of paradox: a dynamic equilibrium model of organizing[J]. Academy of Management Review, 2011,36(2):381-403.

[224] Smith W K, Tushman M L. Managing strategic contradictions: a top management model for managing innovation streams[J]. Organization Science,2005,16(5):522-536.

[225] Sonenshein S. We're changing or are we? Untangling the role of progressive, regressive, and stability narratives during strategic change implementation[J]. Academy of Management Journal,2010,53(3):477-512.

[226] Sparr J L. Paradoxes in organizational change: the crucial role of leaders' sensegiving[J]. Journal of Change Management,2018,18(2):162-180.

[227] Spreitzer G M. Psychological empowerment in the workplace: dimensions, measurement, and validation[J]. Academy of Management Journal,1995,38(5):1442-1465.

[228] Sundaramurthy C, Lewis M W. Control and collaboration: paradoxes of governance[J]. Academy of Management Review, 2003, 28(3):397-415.

[229] Tetlock P E, Peterson R S, Berry J M. Flattering and unflattering personality portraits of integratively simple and complex managers[J]. Journal of Personality and Social Psychology,1993,64(3):500-511.

[230] Thomas K W, Velthouse B A. Cognitive elements of empowerment: an "interpretive" model of intrinsic task motivation[J]. Academy of Management Review,1990,15(4):666-681.

[231] Tierney P, Farmer S M. Creative self-efficacy development and creative

performance over time[J]. Journal of Applied Psychology,2011,96(2):277-293.

[232] Tierney P,Farmer S M,Graen G B. An examination of leadership and employee creativity: the relevance of traits and relationships[J]. Personnel Psychology,1999,52(3):591-620.

[233] Tracy S J. Dialectics, contradiction, or double bind? Analyzing and theorizing employee reactions to organizational tension[J]. Journal of Applied Communication Research,2004,32(2):119-146.

[234] Troyer L,Mueller C W,Osinsky P I. Who's the boss? A role-theoretic analysis of customer work[J]. Work and Occupations,2000,27(3):406-427.

[235] Uhl-Bie M, Arena M. Leadership for organizational adaptability: a theoretical synthesis and interactive framework[J]. The Leadership Quarterly,2018,29(1):89-104.

[236] Van Dyck C,Frese M,Baer M,et al. Organizational error management culture and its impact on performance: a two-study replication[J]. Journal of Applied Psychology,2005,90(6):1228-1240.

[237] Dyne L V,LePine J A. Helping and voice extra-role behaviors:evidence of construct and predictive validity[J]. Academy of Management Journal,1998,41(1):108-119.

[238] Vince R,Broussine M. Paradox,defense and attachment:accessing and working with emotions and relations underlying organizational change [J]. Organization Studies,1996,17(1):1-21.

[239] Volmer J, Spurk D, Niessen C. Leader-member exchange (LMX),job autonomy,and creative work involvement[J]. The Leadership Quarterly,2011,23(3):456-465.

[240] Waldman D A,Bowen D E. Learning to be a paradox-savvy leader[J]. Academy of Management Perspectives,2016,30(3):316-327.

[241] Wang A C, Cheng B S. When does benevolent leadership lead to creativity? The moderating role of creative role identity and job autonomy[J]. Journal of Organizational Behavior, 2010, 31(1): 106-121.

[242] Wang G, Oh I S, Courtright S H, et al. Transformational leadership and performance across criteria and levels: a meta-analytic review of 25 years of research[J]. Group & Organization Management, 2011, 36(2): 223-270.

[243] Weick K E. The collapse of sensemaking in organizations: the Mann Gulch disaster[J]. Administrative Science Quarterly, 1993, 38(4): 628-652.

[244] Weick K E. Sensemaking in organization[M]. Thousand Oaks: Sage, 1995.

[245] Weick K E, Roberts K H. Collective mind in organizations: heedful interrelating on flight decks[J]. Administrative Science Quarterly, 1993, 38(3): 357-381.

[246] Weick K E, Sutcliffe K M, Obstfeld D. Organizing and the process of sensemaking[J]. Organization Science, 2005, 16(4): 409-421.

[247] Williams L J, Anderson S E. Job satisfaction and organizational commitment as predictors of organizational citizenship and in-role behaviors[J]. Journal of Management, 1991, 17(3): 601-617.

[248] Wisse B, Sleebos E. When change causes stress: effects of self-construal and change consequences[J]. Journal of Business and Psychology, 2016, 31(2): 249-264.

[249] Witt L A, Andrews M C, Carlson D S. When conscientiousness isn't enough: emotional exhaustion and performance among call center customer service representatives[J]. Journal of Management, 2004, 30(1): 140-160.

[250] Wright T A, Bonett D G. The contribution of burnout to work performance[J]. Journal of Organizational Behavior, 1997, 18(5): 491-499.

[251] Wright T A, Cropanzano R. Emotional exhaustion as a predictor of job performance and voluntary turnover[J]. Journal of Applied Psychology, 1998, 83(3): 486-493.

[252] Xiao X H, Zhou Z, Yang F, et al. I am not proactive but I want to speak up: a self-concept perspective[J]. Current Psychology, 2023, 42(13):

11234-11249.

[253] Yagil D, Oren R. Servant leadership, engagement, and employee outcomes: the moderating roles of proactivity and job autonomy[J]. Journal of Work and Organizational Psychology, 2021, 37(1): 58-65.

[254] Yang Y, Fan Y Q, Jia J F. The Eastern construction of paradoxical cognitive framework and its antecedents: a Yin-Yang balancing perspective[J]. Chinese Management Studies, 2022, 16(5): 1081-1107.

[255] Yang Y, Li Z Q, Liang L, et al. Why and when paradoxical leader behavior impact employee creativity: thriving at work and psychological safety[J]. Current Psychology, 2021, 40(4): 1911-1922.

[256] Yao X, Yang Q, Dong N, et al. Moderating effect of Zhong Yong on the relationship between creativity and innovation behavior[J]. Asian Journal of Social Psychology, 2010, 13(1): 53-57.

[257] Yin J. Effects of the paradox mindset on work engagement: the mediating role of seeking challenges and individual unlearning[J]. Current Psychology, 2023, 42(4): 2708-2718.

[258] Yu C, Frenkel S J. Explaining task performance and creativity from perceived organizational support theory: which mechanisms are more important?[J]. Journal of Organizational Behavior, 2013, 34(8): 1165-1181.

[259] Yu J, Engleman R M, Van de Ven A H. The integration journey: an attention-based view of the merger and acquisition integration process[J]. Organization Studies, 2005, 26(10): 1501-1528.

[260] Yuan F, Woodman R W. Innovative behavior in the workplace: the role of performance and image outcome expectations[J]. Academy of Management Journal, 2010, 53(2): 323-342.

[261] Zhang M J, Zhang Y, Law K S. Paradoxical leadership and innovation in work teams: the multilevel mediating role of ambidexterity and leader vision as a boundary condition[J]. Academy of Management Journal, 2022, 65(5): 1652-1679.

[262] Zhang Y, Han Y L. Paradoxical leader behavior in long-term corporate development: antecedents and consequences[J]. Organizational Behavior

and Human Decision Processes,2019(155):42-54.

[263] Zhang Y, Li H. Innovation search of new ventures in a thchnology cluster: the role of ties with service intermediaries[J]. Strategic Management Journal,2010,31(1):88-109.

[264] Zhang Y,Waldman D A,Han Y L,et al. Paradoxical leader behaviors in people management: antecedents and consequences[J]. Academy of Management Journal,2015,58(2):538-566.

[265] Zhang W Q, Jex S M, Peng Y S, et al. Exploring the effects of job autonomy on engagement and creativity: the moderating role of performance pressure and learning goal orientation[J]. Journal of Business Psychology,2017,32(3):235-251.

[266] Zheng W, Kark R, Meister A L. Paradox versus dilemma mindset: a theory of how women leaders navigate the tensions between agency and communion[J]. The Leadership Quarterly,2018,29(5):584-596.

[267] Zhou J, George J M. When job dissatisfaction leads to creativity: encouraging the expression of voice[J]. The Academy of Management Journal,2001,44(4):682-696.

[268] Zhou J, Hoever I J. Research on workplace creativity: a review and redirection[J]. Annual Review of Organizational Psychology and Organizational Behavior,2014,1(1):333-359.

[269] 曹萍,张剑.悖论式领导、二元智力资本与组织双元创新[J].商业研究,2021(03):114-124.

[270] 陈海啸,关浩光.悖论式领导如何促进员工工作——家庭平衡?[J].外国经济与管理,2021,43(1):92-107.

[271] 陈慧,杨宁.悖论式领导对员工越轨创新关系研究——心理安全感与领导能力可信性的作用[J].东北大学学报(社会科学版),2021,23(5):23-30.

[272] 韩翼.工作绩效与工作满意度、组织承诺和目标定向的关系[J].心理学报,2008,40(1):84-91.

[273] 韩翼,廖建桥,龙立荣.雇员工作绩效结构模型构建与实证研究[J].管理科学学报,2007,10(5):62-77.

[274] 侯昭华,宋合义.工作复杂情境下悖论式领导对员工工作重塑的影响研

究[J].预测,2021,40(1):90-96.

[275] 付竞瑶,张兰霞,赵建浩,等.员工-主管边界分割偏好匹配对员工创新行为的影响[J].管理学报,2021,18(4):521-530+538.

[276] 付晔,彭秋萍,钟熙.工作自主性、组织阻碍感知与员工知识隐藏[J].软科学,2020,34(6):131-135.

[277] 付正茂.悖论式领导对双元创新能力的影响:知识共享的中介作用[J].兰州财经大学学报,2017,33(1):11-20.

[278] 李超平,田宝,时勘.变革型领导与员工工作态度:心理授权的中介作用[J].心理学报,2006,38(2):297-307.

[279] 李丹,常梦醒.职场排斥如何影响绩效表现?情绪耗竭与情绪智力的作用[J].中国人力资源开发,2018,35(8):64-74.

[280] 雷巧玲,赵更申.心理授权与知识型员工组织承诺的关系研究[J].科技进步与对策,2007,24(9):122-125.

[281] 李金生,时代.悖论式领导对团队创新绩效的影响研究——失败学习与技术动荡性的作用[J].技术经济,2021,40(12):37-50.

[282] 李全,佘卓霖,杨百寅.工作狂领导对团队创造力的影响机制研究[J].科学学与科学技术管理,2021,42(2):146-160.

[283] 李悦,王怀勇.双元创新行为与心理脱离:矛盾式领导风格的调节作用及其边界条件[J].科学学与科学技术管理,2018,39(10):157-170.

[284] 李锡元,夏艺熙.悖论式领导对员工适应性绩效的双刃剑效应——工作活力和角色压力的作用[J].软科学,2022(02):104-109.

[285] 李锡元,闫冬,王琳.悖论式领导对员工建言行为的影响:心理安全感和调节焦点的作用[J].企业经济,2018(03):102-109.

[286] 李霞,刘海真,李强.资质过剩感和工作满意度的关系:心理契约违背与情绪耗竭的中介作用[J].中国临床心理学杂志,2021,29(3):562-566.

[287] 廖化化,颜爱民.情绪劳动与工作倦怠——一个来自酒店业的体验样本研究[J].南开管理评论,2016,19(4):147-158.

[288] 刘燕君,徐世勇,张慧.齐头并进:悖论式领导对员工创新行为的影响[J].商业经济与管理,2021(09):34-44.

[289] 刘善堂,刘洪.复杂环境中悖论式领导的应对能力研究[J].现代管理科学,2015(10):13-15.

[290] 罗瑾琏,花常花,钟竞.悖论式领导对知识团队创新的影响及作用机制研

究[J].科技进步与对策,2015,32(11):121-125.

[291] 罗瑾琏,胡文安,钟竞.悖论式领导、团队活力对团队创新的影响机制研究[J].管理评论,2017,29(7):122-134.

[292] 马君,赵红丹.任务意义与奖励对创造力的影响——创造力角色认同的中介作用与心理框架的调节作用[J].南开管理评论,2015,18(6):46-59.

[293] 牛晨晨,梁阜,杨静.悖论式领导对环保组织公民行为的影响研究[J].南京工业大学学报(社会科学版),2021,20(2):100-110.

[294] 欧阳桃花,崔争艳,张迪,等.多层级双元能力的组合促进高科技企业战略转型研究——以联想移动为案例[J].管理评论,2016,28(1):219-228.

[295] 庞大龙,徐立国,席酉民.悖论管理的思想溯源、特征启示与未来前景[J].管理学报,2017,14(2):168-175.

[296] 彭伟,李慧.悖论式领导对员工主动行为的影响机制——团队内部网络连带强度与上下级关系的作用[J].外国经济与管理,2018,40(7):142-154.

[297] 彭伟,李慧,周欣怡.悖论式领导对员工创造力的跨层次作用机制研究[J].科研管理,2020,41(12):257-266.

[298] 彭伟,马越.悖论式领导对团队创造力的影响机制——社会网络理论视角[J].科技进步与对策,2018,35(22):145-152.

[299] 舒睿,梁建.基于自我概念的伦理领导与员工工作结果研究[J].管理学报,2015,12(7):1012-1020.

[300] 宋一晓,曹洲涛,陈春花,等.动态工作环境如何影响员工绩效?任务重塑与调节焦点的作用分析[J].科学学与科学技术管理,2021,42(2):112-128.

[301] 苏勇,雷霆.悖论式领导对员工创造力的影响:基于工作激情的中介作用[J].技术经济,2018,37(9):10-17.

[302] 孙佳思,叶龙,张启超,等.辱虐管理与员工欺骗行为:基于自我保护理论视角[J].中国人力资源开发,2019,36(1):95-105.

[303] 孙柯意,张博坚.悖论式领导对变革支持行为的影响机制——基于员工特质正念的调节作用[J].技术经济与管理研究,2019(08):45-50.

[304] 谭乐,蒿坡,杨晓,等.悖论式领导:研究述评与展望[J].外国经济与管

理,2020,42(4):63-79.

[305] 屠兴勇,杨百寅,张琪.学习目标取向、共享意愿与员工创造力:机理与路径[J].科学学与科学技术管理,2016,37(2):161-171.

[306] 王晓艳,高良谋.用户创新期望对员工创新行为的影响——一个有调节的中介模型构建与检验[J].经济管理,2020(01):93-108.

[307] 王朝晖.悖论式领导如何让员工两全其美?——心理安全感和工作繁荣感的多重中介作用[J].外国经济与管理,2018,40(3):107-120.

[308] 翁清雄,杨慧,曹先霞.科研人员职业成长、工作投入与工作绩效的关系[J].科研管理,2017,38(6):144-151.

[309] 吴颖宣,程学生,杨睿,等.抗令创新与团队创新绩效关系研究——建言行为和工作自主性的调节作用[J].科学学与科学技术管理,2018,39(12):142-155.

[310] 吴志明,武欣,吴艳茹,等.领导与下属的调节焦点对下属工作绩效的影响作用[J].科学学与科学技术管理,2013(07):175-182.

[311] 吴志平,林志扬,陈福添.心理授权在工作再设计与组织承诺之间的中介效应研究[J].华东经济管理,2010,24(10):117-122.

[312] 武亚军."战略框架式思考"、"悖论整合"与企业竞争优势——任正非的认知模式分析及管理启示[J].管理世界,2013,235(4):150-167.

[313] 徐洋洋,林新奇.职场孤独感如何影响员工绩效?——基于工作要求和资源理论的视角[J].经济管理,2021(6):69-83.

[314] 杨柳.悖论型领导对员工工作投入的影响:有调节的中介模型[J].心理科学,2019,42(3):646-652.

[315] 易明,罗瑾琏,王圣慧,等.时间压力会导致员工沉默吗——基于SEM与fsQCA的研究[J].南开管理评论,2018,21(1):203-215.

[316] 张柏楠,徐世勇,王继新.矛盾思维对创新绩效的影响:员工跨界行为与关系冲突的作用[J].科技进步与对策,2020,37(1):83-91.

[317] 张芳芳,王丁,高文斌.知识型员工工作倦怠、工作投入对心理健康的影响[J].心理研究,2015,8(6):66-70.

[318] 张军成,凌文辁.悖论视角下的领导者—追随者契合研究探析[J].外国经济与管理,2013(1):52-62.

[319] 赵斌,古睿,李瑶.员工越轨创新成功的情境化研究[J].科学学研究,2019,37(11):2102-2112.

[320] 赵李晶,张正堂,宋锟泰.同事不文明行为对员工时间侵占的影响——敌意归因偏差和心理弹性的调节作用[J].商业研究,2018(7):80-86.

[321] 褚昊,黄宁宁.悖论式领导对员工工作绩效的影响:二元工作激情和角色认同的作用[J].财经理论与实践,2020,41(6):133-140.

附录 研究所用材料

1)数据调研所用指导语

尊敬的女士/先生：

您好！我们是××××大学"领导力与工作行为"课题组。感谢您在百忙之中抽空参加我们的调研。

我们向您保证：

(1)本问卷将纯粹作为学术研究之用；

(2)问卷数据将完全保密,不会对外公开；

(3)您的回答不会对个人和所在部门产生任何影响。

敬请放心填答,真实地表达您自己的感受。衷心感谢您的参与,让我们为构建和谐幸福的工作环境共同努力！

2)调研问卷所用变量量表

人口统计学

(1)性别：①男 ②女

(2)您的年龄：_____岁

(3)教育程度：①初中及以下 ②高中或中专 ③大专 ④本科 ⑤硕士 ⑥博士

(4)您参加工作多久了？（比如：3年5个月）_____年_____月

(5)您在当前的公司工作多久了？（比如：3年5个月）_____年_____月

(6)您在当前的岗位上工作多久了？（比如：3年5个月）_____年_____月

悖论式领导

(1)运用公平的方式一致地对待下属但又有区别的对待。

(2)对下属一视同仁但又充分考虑到各自的特点与个性。

(3)与下属毫无区别地交流但又根据各自性格和需求来调整交流方式。

(4)一致地对待下属但又考虑到个性化需求。

(5)分配同样的工作量但又考虑到各自的工作能力和长处来应对不同的任务。

(6)表现出领导欲望但又允许他人分享领导权。

(7)喜欢成为关注的中心但又允许他人共同分享这种瞩目。

(8)坚持得到应有的尊重但又对他人表现出尊重。

(9)非常固执己见但又明白自我的不足和他人的价值。

(10)对自我的观点和价值非常自信但又认可可能从他人那里学到东西。

(11)控制重要的工作任务但允许下属处理细节。

(12)为下属做出最终决定但允许下属控制具体的工作流程。

(13)在重大问题上做出决策但授权下属处理次为重要的问题。

(14)保留总体的控制权但给下属适度的自主权。

(15)强调任务绩效的一致性同时又允许例外。

(16)阐释工作要求但又不对工作进行微观管理。

(17)对工作绩效非常苛刻但又不吹毛求疵。

(18)高标准、严要求但同时允许下属犯错。

(19)认可领导和下属之间的区别但又不以一种优越感的方式去领导。

(20)与下属保持距离但不冷漠。

(21)保持地位的差别但又维护下属的尊严。

(22)在工作中与下属保持距离但又对其和蔼。

任务绩效

(1)在主要工作职责上工作质量高、品质完美、错误少、正确率高。

(2)在主要工作职责上工作效率高、执行工作快、工作量大。

(3)在主要工作职责上达成率高、能达成目标。

创新绩效

(1)该员工是高度创新性想法的好来源。

(2)该员工在工作中表现出独创性。

(3)该员工提出了工作的全新方法。

(4)该员工善于运用已有的想法或成果,以恰当的新方式工作。

(5)该员工擅长推陈出新。

(6)该员工能轻松完善旧的工作流程,以满足当前的工作需要。

创新角色认同

(1)我经常思考如何让自己变得富有创造力。

(2)我对自己作为一个有创造力的员工没有任何清晰的概念。
(3)对我来说,做一个富有创造力的员工是很重要的事情。

工作投入
(1)在工作中,我感到自己迸发出能量。
(2)工作时,我感到自己强大并且充满活力。
(3)我对工作富有热情。
(4)工作激发了我的灵感。
(5)早上一起床,我就想要去工作。
(6)当工作紧张的时候,我会感到快乐。
(7)我为自己所从事的工作感到自豪。
(8)我沉浸于我的工作当中。
(9)我在工作时会达到忘我的境界。

组织创新重视感
(1)高层管理者非常支持创造性工作。
(2)我觉得创新想法得到了公司的支持和鼓励。
(3)公司注重培育新方法和新观念。
(4)高层管理者重视创造性工作。
(5)在公司可以从事有创造性或创新工作而不会受到他人的威胁。
(6)公司鼓励新想法。

角色自主性
(1)在决定如何完成工作方面,我有很大的自主权。
(2)我可以自己决定如何开展工作。
(3)在如何完成工作方面,我有很多独立和自由决定的机会。

风险承担氛围
(1)我受到鼓励,去表达我对该怎样处理组织事务的看法。
(2)我不敢尝试提出"有风险"的想法。
(3)我会不计消极后果而去抓住机会。
(4)我不愿意尝试运用新方法去解决公司问题。

(5)犯错误是致命的。

风险承担意愿

(1)在提出有关产品的营销开发思路时,我喜欢谨慎行事。
(2)在提出有关产品的推销思路时,我是一个敢于冒险的人。
(3)当我为有关产品的营销计划提出想法时,我倾向于保守地思考。

角色冲突

(1)我经常陷入有相互冲突要求的情境中去。
(2)我会收到两个或更多人的互不相容的要求。
(3)我必须解决一些在不同情境下需要采取不同方式处理的事情。

情绪耗竭

(1)工作让我感觉身心疲惫。
(2)结束一天的工作后,我感到精疲力竭。
(3)想到要开始新的一天的工作,我就会感觉非常累。
(4)工作真的是一件非常累的事情。
(5)工作让我有快要崩溃的感觉。

悖论思维

(1)通过考虑相互矛盾的观点,我对某一问题的理解更好了。
(2)我能够在同一时间得心应手地处理相互矛盾的要求。
(3)容忍矛盾是我成功的必要条件。
(4)不同观点之间的张力激发我的力量。
(5)当我设法追求相互矛盾的目标时,我很享受。
(6)我常常感觉到自己同时要去处理相互矛盾的要求。
(7)我可以得心应手地处理那些相互矛盾的工作任务。
(8)当意识到相互对立的双方都能成立时,我感到振奋。
(9)当设法去处理相互矛盾的问题时,我感到充满力量。